Svetlana Arlt – Rohrbacher

vielmehr - Ich

Leben mit dem Asperger Syndrom

„*Man kann einem Menschen nichts lehren. Man kann ihm nur helfen, es in sich selbst zu entdecken.*"

(Galileo Galilei)

Inhaltsangabe

Vorwort

Kindergarten und Schulzeit
Frühe Kindheit und Kindergartenzeit

Alptraum „Schule" und das Leben in einer Reihenhaussiedlung

Studium und Ausbildung
Mein Studium oder: Der vergebliche Versuch dessen
Meine Ausbildung zur Krankenschwester

Leben wollen wie die „anderen"
Der Umgang mit diversen Beziehungsmodellen
Die Beziehung zu den Eltern
Die Beziehung zu meiner Schwester
Freundschaften
Partnerschaft

Leben in der eigenen Familie
Aperger Autistin und Mutter sein
Wenn die Kinder ebenfalls Autisten sind

Das große Thema Arbeitsleben
Die Arbeit in einer Wohngruppe für demente Menschen
Pausen, Kollegen und Smalltalk
Flexible Dienste für Autisten?

Wie der Autismus mich im Alltag begleitet
Die Sache mit dem Einkaufen
Das bisschen Haushalt
Die Bank und die Post
Die leidigen Arzttermine
Elternabende und Schulfeste
Imitieren anderer Personen
Denken in Bildern und das NICHTS
Hypersensibilität

Nachwort
Danksagung
Weblinks / Literaturauswahl

Vorwort

Ich habe lange über mein Vorwort nachgedacht und wollte etwas besonders Kluges schreiben. Aber egal was ich mir überlegt hatte, es las sich fremd für mich. So habe ich beschlossen, mein Vorwort einigermaßen kurz, aber dafür persönlich zu halten. Zudem habe ich ebenso lange darüber nachgedacht, welcher Art mein Buch werden sollte.
Was genau möchte ich erreichen?
Wen soll es ansprechen? Soll es ein Sachbuch werden?
Oder doch besser ein Lebensbericht?

Meiner Meinung nach gibt es bereits einige gute Sachbücher und wissenschaftliche Abhandlungen über den Autismus, die für die Information von Ärzten, Lehrern, Ämtern und auch Therapeuten ausgesprochen gut sind. Leider gibt es aber noch immer viel zu wenig Aufklärung darüber, was besonders den Highfunction beziehungsweise den Asperger Autismus ausmacht. Besonders bei Mädchen und Frauen ist es heutzutage weiterhin schwer, den Autismus schnell genug zu erkennen.

Viele von uns Frauen erhalten erst im Erwachsenenalter ihre Diagnose. Nach langen Jahren der Irrungen und Wirrungen. Nach langen Jahren mit einer, unter Umständen, falschen Diagnose wie schwere Depressionen oder sogar dem Borderline – Syndrom. Das liegt daran, dass Mädchen, anders als Jungen, schon sehr früh damit beginnen, ihr Umfeld ganz genau zu beobachten und durch das Imitieren von Mimiken und Gestiken ein gewisses Maß an Anpassung erlangen.

Der andere Grund, weshalb wir immer noch durch das Diagnoseraster fallen, ist der, dass die Kriterien zur Diagnostik noch nicht angepasst worden sind.

Es gelten nach wie vor die Beobachtungen, die mit Beginn der Diagnostik für Jungen zusammengefasst wurden.
Nach wie vor herrscht in unserer Gesellschaft nur sehr wenig Wissen über dieses Syndrom.

Bei dem Wort Autismus kommt den meisten Menschen anscheinend sofort das wohl bekannteste Bild in den Kopf. Das Bild des Filmes „Rainman". Und gleich danach haben sie die Vorstellung des stummen, in der Ecke sitzenden, wippenden und lautierenden Kindes, welches niemals in der Lage sein kann, ein eigenständiges Leben zu leben. Uns wird auch gerne die sogenannte Empathie abgesprochen, obwohl wir diese genau so inne haben. Es gibt daneben aber auch diese Menschen, die alle Autisten als Savants bezeichnen und uns Autisten grundsätzlich eine extrem hohe Intelligenz bescheinigen. Es ist ihnen unbekannt, dass es im gesamten Autismusspektrum betroffene Menschen gibt, die von schwerst beeinträchtigt bis hin zu hochintelligent einzustufen sind. Autisten, die nicht in der Lage sind, selbständig zu leben, und Autisten, die durchaus in der Lage sind, ein eigenständiges und erfülltes Leben zu führen.

Langsam aber sicher verändert sich etwas zu Gunsten von uns Autisten. Es werden immer mehr Stimmen laut. Autisten zeigen sich, finden zusammen und setzen sich für andere Autisten ein.
Auch für diese, welche gerade noch im Kindesalter sind.
Wir Frauen spielen dabei eine sehr große Rolle.
Uns gibt es.
Wir versuchen als erwachsene Diagnostizierte, den betroffenen Mädchen und Frauen der Zukunft den Weg zu ebnen.
Möglichkeiten aufzuzeigen und Hilfestellungen zu bieten.

Dazu gehört, dass viele Frauen, ebenso wie ich, persönliche Blog schreiben, Bücher verfassen und/oder sich anders einbringen, um die Gesellschaft aufzuklären.

Mein Buch ist ein Lebensbericht. Authentisch und ehrlich. Und es steht nur für mich alleine. Ich schreibe ausschließlich über meine Empfindungen und Erlebnisse.

Denn wie sagt man so schön: *„Kennst du einen Autisten, kennst du EINEN Autisten!"*
Wir sind keine Aliens. Auch wenn wir es immer noch oft genug so empfinden müssen. Wir sind genauso wie ihr in der nicht autistischen Welt.

Nur ein wenig anders.

Kindergarten und Schulzeit

Frühe Kindheit und Kindergartenzeit

Geboren wurde ich im Jahre 1969 in Duisburg als erstes Kind meiner Eltern. Meine Mutter ist Mitte der sechziger Jahre über Umwege aus Bulgarien nach Deutschland gekommen. Eigentlich hatte sie geplant, einen Zwischenstopp auf ihrem weiteren Weg nach Australien einzulegen, um Geld für die Weiterreise zu ihrer Tante nach Australien zu verdienen. Schließlich lernte sie meinen Vater in einem jugoslawischen Restaurant kennen, in welchem sie arbeitete. Sie verliebten sich und die Sache mit Australien war vergessen.

Als ich ein Jahr alt war, zogen meine Eltern mit mir nach Hilden in eine Neubauhochhaussiedlung. Für sie war dies eine große Verbesserung ihres Lebensstandart. Raus aus der winzig kleinen Wohnung mitten in Duisburg und rein in die große Wohnung mit Wiesen und Feld nebenan. Auch der Arbeitsweg war für meine Eltern nun deutlich leichter zu bewältigen. Meine Mutter war gelernte Krankenschwester in einer Psychiatrie in Düsseldorf. Mein Vater Optiker in der selben Stadt.

Da es damals keinen Erziehungsurlaub gab, musste meine Mutter mich bereits ab der achten Lebenswoche in den betriebseigenen Kindergarten der Klinik bringen.
Dort gab es zwei Gruppen. Zum einen die Gruppe für die Babys und Kinder bis zum dritten Lebensjahr und zum anderen die Gruppe für die älteren Kinder, bis hin zum Schuleintritt. Mittig zwischen den Gruppenräumen gab es einen Turnraum, die Küche, die Toiletten und einen Abstellraum.

Ob ich gerne in den Kindergarten gegangen bin, weiß ich nicht mit Bestimmtheit zu sagen. Meine Mutter erzählte mir, dass ich sehr lange Zeit beim Abgeben dort geweint hatte. Gut wurde es erst, als meine Schwester drei Jahre später als Baby ebenfalls in diesen Kindergarten kam.

Ich erinnere mich daran, dass ich drei Freundinnen dort hatte.
Leyla, Nina und Katja.
Im dritten Kindergartenjahr stieß eine neue Erzieherin zu uns, deren Sohn in unserem Alter war und unsere Gruppe besuchte. Beide mochte ich sehr. Mit dieser Erzieherin unterhielt ich mich gerne. Wir unterhielten uns über alles mögliche, während meine Freundinnen in der Puppenecke spielten. Ich war sehr froh um meine Gesprächspartnerin, denn die anderen Erzieherinnen schickten mich grundsätzlich wieder weg. Zum Spielen mit den anderen Kindern.
Unser Kindergarten hatte einen schönen, großen Garten. Im Sommer wurden dort Plantschbecken aufgestellt, in denen wir herum toben konnten. Auch lag der Wildpark direkt nebenan. Dank eines Schlüssels durch die Klinik, konnten wir den Park jederzeit durch einen Seiteneingang betreten. So verbrachten wir viel Zeit dort, besonders vom Frühling an bis in den Herbst hinein.

Gab es damals bei mir Eigenheiten im Kindergarten, die vielleicht als auffällig eingestuft werden konnten?
Ich würde heute fast sagen: Ja!
Wenn man sich mit dem Thema Autismus ausgekannt hätte, besonders mit dem Asperger Syndrom. Aber damals waren die Zeiten insgesamt ganz anders. Kinder wurden nicht so sehr beäugt durch ihre Eltern wie es heute der Fall ist. Vieles galt als normal und Trotzgebaren. Und Kinder wurden sich häufig schneller ein wenig sich selbst überlassen.
Ich weiß noch sehr genau, dass ich Mittags am Esstisch immer den selben Sitzplatz hatte. War der besetzt, mochte ich dies überhaupt nicht leiden und wurde sauer.

Wütend zog ich dem Kind auf dem Stuhl genau diesem unter dem Hintern weg, so dass es hinfiel. Das war mir nur recht so. Was hatte es auch ausgerechnet auf meinem Stuhl zu suchen? Postwendend kam jedoch die Strafe an mich zurück. Ich wurde in den Schlafraum geschickt, und das Essen fiel für diesen Mittag aus.

Im Schlafraum selber lag ich auf einer kleinen Pritsche und wälzte mich hin und her. Denn schlafen konnte ich nicht bei Tage. Schon gar nicht, wenn ich eine für mich ungerechter Strafe absitzen musste. Ich begann damit, die kleinen runden Löcher der Heizungsverkleidung zu studieren. Sie zu zählen und mir Muster mit ihrer Hilfe vorzustellen.
Ich zog Diagonalen, Quadrate, Dreiecke und sogar einen Kreis gedanklich ein. Ich ließ meine Muster sich überschneiden, und manchmal versuchte ich herauszufinden, wie es hinter dieser Heizungsverkleidung aussah.
War ich mit meinen Erforschungen zum Ende gekommen und die Essenszeit noch immer nicht vorüber, stellte ich mich an das rechte Fenster des Raumes und schaute hinaus auf die Leichenhalle. Diese befand sich gegenüber unserer Einrichtung. Direkt zu Beginn des dortigen Friedhofs. Obwohl auf diesem Friedhof schon seit langer Zeit niemand mehr beigesetzt wurde, war die Leichenhalle noch immer in Betrieb. Und weil ich damals schon aus Erzählungen wusste, dass manchmal jemand angeblich verstarb und plötzlich in einer solchen Halle wieder erwachte, hoffte ich, dass ich ein solches Erlebnis auch einmal haben würde und jemand heraus wanken würde.

Hatte der Kindergartentag am späteren Mittag durch die Frühschicht meiner Mutter für mich ein Ende, fuhr ich mit ihr nach Hause. Manchmal machte ich einen kurzen Mittagsschlaf im Schlafzimmer meiner Eltern. Sie hatten weiße Hochglanzmöbel, und ich kam mir in ihrem Bett vor wie eine Prinzessin. Da ich nicht immer schlafen konnte oder wollte, stand ich regelmäßig wieder auf und durchstöberte die Schränke meiner Eltern.

In einem Hängefach des Kleiderschranks hing mein roter Regenmantel. Mit großen, flachen, roten, wunderbaren Knöpfen aus dem selben Material wie der Mantel. Ich stand lange einfach so davor und fuhr mit den Handflächen immerzu über die Knöpfe und roch an ihnen.
Außerdem hatte meine Mutter eine Kommode an der rechten Seite des Zimmers stehen, mit einem runden Spiegel darüber an der Wand hängend. Vor der Kommode stand ein Hocker. Dieser Hocker war besonders fein für mich. Seine Sitzfläche bestand aus langer, blauer, filziger Wolle. Zog ich mich in Tagträume zurück, hockte ich mich davor oder legte mich halb da drunter und begann damit, die einzelnen Zipfel dieser Wolle zu kleinen Spitzen zu zwirbeln.
Bis sie aussahen wie Dreadlocks.

Ich ertappe mich noch heute oft dabei, wie ich besonders die Fäden meines Ponchos immerzu zu Zipfeln zwirbel oder sie miteinander verflechte, entflechte und von vorne beginne. Ein sehr beruhigendes Gefühl, wenn man innerlich aufgewühlt ist.

In unserer Hochhaussiedlung gab es viele Kinder unterschiedlichen Alters. Ich hatte ein paar Freunde dort.
Meine beste Freundin hieß Sandra, und mit ihr spielte ich die meiste Zeit draußen und manchmal auch drinnen. Denn sie hatte viel mehr Spielsachen als ich und ein Zimmer ganz für sich alleine. Ich musste mein Zimmer ab meinem dreieinhalbten Lebensjahr mit meiner Schwester teilen.
Es gab noch eine direkte Nachbarstochter, die jedoch älter war als ich. Ab und zu beschäftigte sie sich mit mir. Meistens dann, wenn unserer Mütter sich bei einem Kaffee unterhielten. Meine zweite gute Freundin hieß Nadja. Und in unserem Hochhaus lebte ein Junge namens Robert, der geistig ein wenig zurück geblieben war. Mit ihm zusammen versteckte ich mich oft hinter den großen Mülltonnenbehältern, sammelte Regenwürmer auf und siedelte sie um.

Manchmal streunten wir beide durch die Kellerräume wenn jemand vergessen hatte, die Türen abzuschließen.

Hier setzen nun ganz detaillierte Erinnerungen ein, die mich bis heute verfolgen, oft schmunzeln, aber auch staunen lassen.
Und wieder frage ich mich, ob man nicht damals schon hätte erkennen können, dass ich sehr eigen gewesen war. Einfach andere Denkweisen hatte und anders tickte als die Kinder um mich herum.

Was ich scheinbar gerne und öfters tat war: einfach verschwinden.
In der Nähe gab es einen Bauernhof, zu dem meine Mutter eine Weile ihre Bügelwäsche gab. Dabei begleitete ich sie und fand Gefallen an der Umgebung und an den Kühen. So sehr, dass es mich hin und wieder dahinzog und ich mich alleine auf den Weg machte. Seltsamerweise bekamen meine Eltern davon nichts mit.
Wir lebten im Erdgeschoss mit einem Balkon. An diesem schloss sich die Terrasse an. Der Balkon hatte eine Brüstung, deren linkes Element wie eine Tür zu öffnen war.
Es war ein Kinderspiel für mich, diesen Balkon zu verlassen und über den Gemeinschaftsgarten hinaus zu laufen. Zu dem Zeitpunkt war ich etwa drei Jahre alt.

Es trug sich ebenfalls zu, dass ich an einem frühen Abend gesucht wurde. Zuerst nur von meiner Mutter, dann mit Hilfe der Nachbarn und zu guter Letzt auch durch meinen Vater.
Warum auch immer meine Mutter nicht eher bemerkte, dass ich nicht mehr in der Wohnung war, weiß ich nicht. Damals war unsere Wohnsituation so, dass immer jemand von den Eltern, meistens die Mütter, draußen bei den Kindern war und nach ihnen schaute.
Direkt neben unserem Haus lag der Spielplatz, und scheinbar vermutete meine Mutter mich noch dort, zusammen mit meiner Freundin und deren Mutter, und war selber in die Wohnung zurück gegangen. Als sie nach mir schauen wollte, fand sie mich nicht

Sie begann mit der Suche, die Nachbarn halfen mit und mein Vater kam ebenfalls dazu. Gerade als die Polizei anrufen wollten, kam ich ihnen über die Wiese entgegen gelaufen.
Natürlich gab es viele Tränen, Geschimpfe und wieder Küsse für die verloren geglaubte Tochter und sie fragten mich, wo ich denn nur gesteckt hatte.
Alles was ich ihnen erzählte war, dass ich mit einem großen Mädchen weggegangen war und sie mich wieder zurück gebracht hatte. Ich war damals zwei Jahre alt.
Meine Eltern wissen bis heute nicht, wer dieses Mädchen gewesen war und wohin sie mit mir entschwand.

Meine Mutter berichtete mir, dass ich immer äußerst hilfsbereit gewesen sei. Besonders ihr wollte ich immerzu helfen als sie schwanger mit meiner Schwester war.
Eines Tages begab ich mich wieder auf eine Tour.
Meine Mutter war damit beschäftigt, meiner Schwester die Flasche zu geben. Danach würde das Wechseln der Windeln anstehen und danach das Einkaufen. Um meiner Mutter etwas Arbeit abzunehmen, lief ich zu dem nahegelegenen Einkaufsladen. Als meine Mutter fertig war, suchte sie mich und wurde wieder einmal nicht fündig. Sie suchte in der Wohnung, und sie suchte draußen im Garten und auf dem Spielplatz.
Doch nirgendwo erblickte sie mich.
Völlig aufgeregt packte sie das Baby in den Kinderwagen und lief die Siedlung ab. Bis sie zum Supermarkt kam und dort auf meinen Spielkameraden Patrick stieß. Er saß auf der kleinen Stufe vor dem Supermarkt. Auf ihr Nachfragen, ob er mich gesehen hätte, nickte er und sagte, dass ich schon einmal einkaufen gehen wollte. Er sollte derweil dort warten und meiner Mutter Bescheid geben wenn sie kommen würde. Ich war in der Zwischenzeit schon sehr fleißig gewesen und hatte den Einkaufswagen bis zum Rand gefüllt mit allem was mir wichtig erschien.

Die Kassiererin war im Gespräch mit mir und fragte mich, wer das alles denn bezahlen würde. Ich gab ihr zur Antwort, dass meine Mutter gleich dazu kommen würde.
Sie müsste sich erst nur um das Baby kümmern.
Meine Mutter erschien, erleichtert, dass mir nichts zugestoßen war und beruhigte die Kassiererin. Zusammen räumten wir die in ihren Augen unnützen Dinge wieder in die Regale, bezahlten das, was sie in den Wagen legte und nahm mich an der Hand mit nach Hause.

Ich war damals dreieinhalb Jahre alt.

Geschimpft hat sie nicht so oft mit mir, mich geschlagen schon gar nicht. Aber sie erzählte mir später, sie sei oft sprachlos gewesen und habe nicht gewusst, wie ich immerzu auf solche Dinge kommen konnte.
Als ich etwas über vier Jahre alt war, wollte ich meiner Schwester etwas Schönes zeigen. Ich sagte ihr, sie solle sich mit mir zusammen hinter die große Gardine im Wohnzimmer, mit dem Rücken zum Fenster, stellen. Und wenn ich bis drei gezählt hätte, würden wir schnell nach vorne laufen und mit erhobenen Händen das schöne Gefühl spüren können, wenn die Gardine über unsere Hände hinweggleiten würde. So geschah es auch. Leider verhedderte sich meine kleine Schwester in der Gardine und kam ins Stolpern. Ich gleich mit ihr. Und so rissen wir die Gardine samt Schiene von der Wand herunter.

Eine weitere Begebenheit war folgendermaßen, dass ich ungefähr auch mit vier Jahren an meinem Kinderzimmerfenster stand und einen blonden Jungen mit dem Rücken zu mir auf der Wiese sitzen sah. Beziehungsweise saß er nicht direkt auf der Wiese, sondern auf einer diesen viereckigen Betonplatten, unter denen sich die Kanalisation befand.
Bis heute erinnere ich mich an diese diffuse Gefühl von Wut in mir bei diesem Anblick.

Ich lief wieder einmal über den Balkon in den Garten hinein, über die Wiese, bis hin zu dem Jungen, und schubste ihn dort hinunter.

Während der Junge anfing zu weinen, lief ich zufrieden zurück.
Lange Jahre fragte ich mich, warum ich dies getan hatte. Sobald ich daran dachte, erinnerte ich mich an diese Gefühl von Unbehagen bis hin zur Wut in mir.
Scheinbar passte der Junge gerade nicht in das Bild hinein, welches ich vom Fenster aus betrachtet hatte. Er saß einfach da, und dies störte mich bei meinem Ausblick in den Garten.

Ich habe eine neunjährige Tochter, die Highfunction Autistin und dazu ADHSlerin ist.
Auch von ihr kenne ich aus der Vergangenheit, dass sie ganz ähnlich reagierte, wenn etwas nicht stimmig war für sie. Es konnte durchaus vorkommen, dass sie anfing zu spucken oder zu hauen. Auch neigte sie dazu, ihrer großen Schwester weh zu tun. Sie kniff sie oder ärgerte sie solange, bis die Schwester weinend und aufgebracht zu mir kam. Ich musste schlichten und erfuhr später am Tag von meiner Kleinen weinend, dass sie dies eigentlich gar nicht machen wollte. Es überkäme sie nur manchmal einfach. Sie sei nicht einmal wirklich wütend auf jemanden. Aber irgendetwas schien sie zu stören und Unbehagen auszulösen. Ihr Gehirn würde ihr nicht gehorchen, wenn sie innerlich Stopp rufen würde. Und weil ihr Gehirn nicht gehorcht, könne sie auch ihren Körper nicht entsprechend kontrollieren.
Sie schaut sich selber hilflos zu, wie sie die Kontrolle über sich verliert. Dieses Gefühl ist deckungsgleich mit dem Meinen von früher.
Ich habe mit so einigen Müttern anderer, vom Autismus betroffener, Kinder erfahren, dass sie sehr Ähnliches zu berichten haben. Auch hier findet man Aussagen der Kinder wie:

„ ... *Ich will das gar nicht, aber meine Hand, mein Gehirn, mein Körper wollen nicht auf mich hören.*"

Ich vermute, dass es einfach ein Stück weit zu uns gehört. Zu viele Gefühle oder Gedanken über eine längere Zeit im Inneren suchen irgendwann ein Ventil. Es kann entweder in die eine, positive, Richtung gehen oder in die andere, negative, Richtung. Entweder unbändiges, plötzliches und euphorisches Empfinden mit lautem Jauchzen, Hüpfen, Lachen und Singen. Oder aber ebenso plötzliches Kneifen, Hauen, Spucken, Ärgern und Schimpfen. Leid tut es uns allemal danach und wir schwören Besserung. Dass es nie wieder passiert. Aber bis dies auch so ist, vergeht eine lange Zeit. Bei mir hat sich dies im frühen Jugendalter relativ herausgewachsen. Es gibt allerdings immer noch heute Momente, die eigentlich sehr harmlos erscheinen, aber wo es mich erneut überkommt. Ich werde unruhig, weil die Situation nicht stimmig ist, weil irgendetwas nicht richtig passt, was an einem anderen Tag absolut kein Problem darstellen würde aber mich jetzt gedanklich zum Ausflippen bringen kann.

Zwei weitere Begebenheiten noch, ehe ich das Thema „frühe Kindheit" beenden werde:

Es war mein erster Auslandsurlaub zusammen mit meinen Eltern.
Ich war drei Jahre alt und meine Mutter schwanger mit meiner Schwester.
Seit längerem litt ich an einer chronischer Bronchitis, Damit ich gesunden konnte, waren wir nach Mallorca geflogen, ans Meer. Kaum waren wir in der Hotelanlage angekommen, erblickte ich den wunderschönen blauen Pool für die Erwachsenen. In meiner Begeisterung lief ich sofort los und sprang voll bekleidet in diesen Pool. Gar nicht darüber nachdenkend, dass ich nicht schwimmen konnte. Herausgefischt hatte mich ein Hotelgast, der gerade im Pool schwamm. Ich glaube, meine Eltern waren einer Ohnmacht nahe.

Zurück in Deutschland, zur Winterzeit.
Ich war fünf Jahre alt, und es gab diesen Nachmittag mit meiner Freundin Nadja.

Hinter unserem Hochhaus gab es einen Hügel, den man mit dem Schlitten hinunterfahren konnte.
Weder Nadja noch ich hatte einen Schlitten, aber jemand von den anderen Kindern lieh uns seinen. Abwechselnd fuhren Nadja und ich den Hügel hinunter. Immer und immer wieder. Fünfmal, sechsmal, zehnmal ..., und Nadja wollte immer noch weiter damit fahren. Ich hatte keine Lust mehr und bekam von ihr ihre Brille in die Hände gedrückt. Zum Aufpassen.
Was ich auch tat.
Eine Weile, und dann noch eine Weile.
Bis mir zu kalt wurde und ich wieder nach Hause gehen wollte.
Nadja hörte mein Rufe nicht und ich wusste nicht, was ich nun machen sollte.
Also legte ich die Brille dort, wo ich stand, in den Schnee, deckte sie mit diesem auch ab und ging heim. Kurze Zeit später schellt es.
Nadja und ihre Mutter fragten nach der Brille, welche ich nicht mehr bei mir hatte. Meine Mutter schickte mich somit wieder nach draußen zum Suchen helfen.

Natürlich fanden wir die Brille nicht mehr wieder. Entweder hatte sie jemand gefunden und mitgenommen, oder wir suchten an der falschen Stelle. Ich bekam Ärger mit meiner Mutter. Doch ich selber ärgerte mich nicht über mich sondern wegen meiner Freundin.
Statt mich zu schämen oder zu schuldig zu fühlen, empfand ich große Ungerechtigkeit mir gegenüber, weil man mir meine Kompetenzen in Sachen „Dinge aufbewahren" so dermaßen abgesprochen hatte.
Hatte ich nicht dafür gesorgt, dass die Brille geschützt gewesen war durch den Schnee? Was konnte ich denn dafür, dass sie jetzt nicht mehr da war? Damit hatte ich doch überhaupt nichts zu tun.
Das Vorausschauende und das Verstehen der Konsequenzen meiner Fehlhandlungen erlernte ich erst sehr viel später.

Alptraum „Schule" und das Leben in einer Reihenhaussiedlung

Kurz vor meinem siebten Geburtstag im Sommer 1976 zogen wir nach Ratingen in eine Reihenhaussiedlung, welche inmitten von Feldern, Bächen und Wiesen gebaut worden war. Es zogen nach und nach viele Familien dorthin und somit auch viele Kinder unterschiedlichen Alters. Mit einem Mädchen freundete ich mich sehr schnell an. Und betrachtete sie, bis ich etwa dreizehn Jahre alt war, als meine beste Freundin.
Allerdings hatte ich sie nie wirklich für mich ganz alleine, denn es gab in der Siedlung kurz darauf noch ein Mädchen, die ihrerseits große Ansprüche an diese Freundin stellte. Es ist allgemein bekannt, dass eine Dreierkonstellation unter Mädchen meist schief geht oder zumindest für ständig neue Konflikte sorgt. Und davon gab es zwischen mir und diesem Mädchen mehr als genug.

Ich nenne sie hier im Buch „Trampel", denn dies war ihr Spitzname, welchen ihr Vater ihr angeblich gegeben hatte. Diese Konflikte wurden meistens von ihrer Seite aus ausgelöst.
Kaum sah sie mich mit meiner Freundin auf der Straße spielen, kam sie dazu und schaffte es in aller Regelmäßigkeit, meine Freundin von mir wegzulocken. Oder sie spielte mit uns zusammen, schob mir aber immerzu die Handlangerrollen zu. Unzählige Male bin ich mit ihr aneinander geraten. Trampel war unfair, gemein, und verlogen. Ich dagegen wahrheitsliebend, freundlich und ehrlich. Allerdings wurde ich sehr häufig durch sie, und später auch durch die anderen Kinder, als Besserwisserin beschimpft. Ich hatte nie verstanden, wieso sie so etwas über mich sagten. Denn ich hatte ja nur korrigiert, wenn ich etwas hörte, was behauptet wurde, jedoch so nicht stimmte.

Nie vergesse ich einen Vorfall, als wir Kinder auf dem Bürgersteig saßen und das Lied „Ein Mann der sich Kolumbus nannt" sangen. Trampel sang das folgende „widdewiddwipp - bumm bumm" in der Tonfolge nicht richtig. Ich erklärte ihr, wie es richtig zu sein hatte, doch sie widersprach mir ständig.
Es folgte eine Diskussion, in der ich immer aufgeregter wurde und nicht verstand, wieso sie nicht annehmen konnte, was ich sagte. Es ging schlussendlich soweit, dass ich die Beherrschung verlor und auf sie los ging. Ich griff mir ihre Haare und schrie dabei, sie solle doch einfach richtig singen. Sie selber griff in meine Haare, und so rissen wir uns an denen herum, und ich tobte wie eine Wahnsinnige.
Das war der Vorfall, nachdem ihre Mutter mich erst recht nicht mehr leiden konnte, wie ich viele Jahre später durch die Schwester von Trampel erfuhr.
Meine Besserwisserei war für alle dort lebenden Miteigentümer scheinbar unerhört, frech und nervig. Einerseits.
Andererseits mochten die älteren Bewohner der Siedlung sich gerne mit mir unterhalten, weil sie sich wie mit einem Erwachsenen mit mir unterhalten konnten.

Die Schule begann, und ich besuchte zusammen mit meiner Freundin und meiner Rivalin eine gemeinsame Klasse.
Es begann die Zeit, in der ich langsam unbewusst erkannte, dass da etwas nicht ganz stimmt. Es war alles sehr diffus und unerklärlich für mich.
Bisher hatte ich mein Leben relativ frei leben können. Doch hier traf ich nun auf eine große Gruppe von Klassenkameraden, die mich einschüchterte. Ich saß nicht neben meiner Freundin, denn diesen Platz hatte sich Trampel gesichert. Mein Platz war über die gesamten vier kommenden Jahre immerzu der neben einem der anderen Außenseiterkindern.
Während meine Freundin neue Kinder kennenlernte und auch Trampel dazugehörte, blieb ich zurück.

Ich war in der Schule ein ruhiges Kind, beobachtete alles um mich herum und traute mich nicht, jemanden anzusprechen. Meine „Bezugsperson" ließ mich in Stich, und ich fand einfach keinen Anschluss an diese Klasse. Auf dem Zeugnis stand regelmäßig geschrieben:

„ *(...) benötigt viel Zuspruch und Unterstützung bei der Kontaktaufnahme zu ihren Klassenkameraden. (...)*".

Meine Klassenlehrerin schien mich auch nicht sehr zu mögen. Aber ich wusste nicht, warum dies so war.
Ich bemühte mich redlich, freundlich zu sein, doch ich bekam nie wirklich ein nettes Wort von ihr.
Hatte sie im Winter Pausenaufsicht, trug sie meistens einen Echtpelzmantel, an dem immer irgendein Kind an ihrem Arm hing und sie begleiten durfte. Meine große Sehnsucht war, dass auch ich einmal das Glück haben könnte und an ihrem Arm über den Pausenhof spazieren dürfte.
Allerdings nicht, weil ich die Lehrerin für mich gewinnen wollte, sondern wegen des Pelzes, den ich unbedingt anfassen wollte. Dazu ist es nie gekommen. Jeder Versuch meinerseits wurde von ihr abgeschmettert mit den Worten, ich solle spielen gehen oder mit dem Fingernägelkauen aufhören.

Meine Pausen liefen über die gesamten Jahre an dieser Schule so ab, dass ich mich ab dem Frühling bis in den Herbst hinein entweder am Rande des Schulhofs aufhielt, oder mich auf den stinkenden Toiletten versteckte. Im Winter war es besonders schlimm für mich, da die Toiletten noch erbärmlicher stanken und es draußen aber viel zu kalt für mich war. Zwanzig Minuten alleine in der eisigen Kälte herum zu stehen machte einfach keinen Spaß. Oft versuchte ich, heimlich ins Schulgebäude zu kommen und mich unter der großen Treppe zu verstecken. Manchmal gelang es mir, unentdeckt zu bleiben, manchmal auch nicht.

Dann scheuchte man mich wieder hinaus auf den Pausenhof, wo ich auf einer Stelle hin und her trippelte und versuchte, nicht an die Kälte zu denken.

Was mir auch Ärger einbrachte war, wenn wir uns in Zweiergruppen früh morgens zum Schulbeginn vor der Eingangstür aufstellen mussten. Ich hatte ständig damit zu tun gehabt, dass ich jemanden fand, der neben mir stehen wollte. Oft fand sich niemand und ich ging als Einzelperson am Schluss dieser Reihe in das Schulgebäude hinein. Mir war es unangenehm.
Doch viel schlimmer war es, wenn ich einen Partner hatte und dieser meine Hand nehmen wollte, wie die Lehrerin es erwartete.
Das fand ich grauenhaft und ich begann damit, mir zur Sicherheit eine Weile die Zähne nicht zu putzen. Nahm das Kind also meine Hand, atmete ich ihr meinen schlechten Atem ins Gesicht. Das sorgte natürlich für angeekelte Gesichter und Bemerkungen.
Ich war froh, als dieses Aufstellen in Reih und Glied mit der dritten Klasse beendet war.

Im Unterricht saß ich meist am Fenster und sah den Flugzeugen nach, die in einiger Entfernung gestartet waren. Ich langweilte mich in Schreiben und Lesen bereits in der ersten Klasse, da ich beides schon konnte. Meine Lehrerin war wohl nicht so angetan davon. Schließlich hatte man dies in der Schule zu erlernen und sah davon ab, mir Extraaufgaben zu geben um die Zeit zu überbrücken. Ich habe mit das Lesen und Schreiben mit etwa fünf Jahren selber beigebracht, als wir noch in Hilden lebten und meine Mutter mich an so einigen Nachmittagen daheim einschloss, um zur Fahrschule gehen zu können. Ich hatte große Angst alleine zu sein und stand oder hockte in dieser Zeit immer zwischen Wohnzimmerschrank und Balkontür in der Nische. Meistens hatte ich eines der medizinischen Bücher meiner Mutter in der Hand. Mit diesen Büchern lernte ich lesen und später auch schreiben.

In Mathe war ich nie gut. Die Grundrechenarten bekam ich hin, aber sobald es an Mengenlehre und Textaufgaben ging, war ich verloren. Nichts verstand ich davon. Es war mir alles zu kompliziert und zu umständlich. Ich wusste überhaupt nicht, was von mir genau erwartet wurde.
Irgendwie schaffte ich es zum Ende der vierten Klasse noch, eine drei auf dem Zeugnis zu bekommen. Erst sehr viel später verstand ich das Prinzip der Mengenlehre aus Gegebenheiten des Alltags und wunderte mich sehr darüber, weshalb dieses Thema in der Schule so kompliziert unterrichtet werden musste.
Was ich gerne in der Schule machte waren die Fächer Musik, Kunst, Deutsch und Sachkunde.
Zu diesen Fächern hatte ich einen persönlichen Bezug, weil sie meine Interessen abdeckten. Ich las sehr viel, ich hielt mich gerne in der Natur auf, ich malte viel und gerne, und ab dem achten Lebensjahr erlernte ich das Klavierspielen.

Ab der dritten Klasse etwa begann das Mobben meiner Person. Jedoch nicht in einem solchen Umfang, wie es heutzutage bei vielen Kindern geschieht.
Allerdings doch so, dass es nachhaltig in mir stecken blieb.
Ich bemerkte, dass man mich komisch ansah. Dann begannen die Kinder, mich im Sport nicht mehr in ihre Gruppen zu wählen. Und wenn doch, verdrehten sie dabei die Augen. Ich wurde niemals zu Geburtstagen eingeladen, während meine Freundin und Trampel ständig irgendwo zu Gast waren oder Gäste hatten. Zum Glück fiel mein Geburtstag immer in die Sommerferien. So hielten wir uns zu diesem Zeitpunkt immer in Bulgarien bei der Familie meiner Mutter auf.

In der Schule saß ich weiterhin neben einem der zwei Außenseitern, und selbst zu ihnen bekam ich keinen Kontakt. Meine Noten wurden langsam schlechter. Meine Mutter arbeitete nun zudem auch noch mehr, und ich war in ihren Spätdiensten nach der Schule oft alleine daheim bis mein Vater am Abend mit meiner Schwester zurück kam.

Meine Mutter hat hatte alle zwei Wochen Spätdienst bis zweiundzwanzig Uhr und meine Schwester ging in den Kindergarten der Klinik. Da ich große Angst hatte, alleine im Haus, nahm ich mir immer ein leeres Marmeladenglas oder einen Eimer mit in mein Zimmer und urinierte dort hinein wenn ich musste.
Ich mochte die halbe Etage zum Badezimmer nicht hinuntergehen.

Als ich in der vierten Klasse war, wurde meine Schwester eingeschult und somit war ich nicht mehr alleine zu Hause.
Aber ich musste mich um sie kümmern.
Meine Aufgaben waren: Hausaufgaben machen und meiner Schwester dabei helfen, lernen, im Zimmer spielen und Mittags das Essen auf dem Herd warm machen, welches meine Mutter am Abend vorher zubereitet hatte.
War meine Schwester krank, blieb sie im Frühdienst meiner Mutter natürlich auch zu Hause. Hatte meine Mutter Spätdienst, war sie für meine Schwester da bis sie zur Arbeit musste. Ich versorgte sie danach solange, bis mein Vater von der Arbeit kam.Ich las ihr vor, kochte Tee,gab ihr Zwieback zu essen und putze das Erbrochene weg.
War ich selber krank, bekam die Nachbarin einen Schlüssel, um ab und zu nach dem Rechten zu sehen. Aber wenn sie herüber zu uns kam, dann weniger um nach mir zu schauen, sondern in die Schränke meiner Eltern, um ihre Neugier zu stillen.
Obwohl meine Eltern darüber sehr erbost waren wenn ich davon berichtete, hatten sie leider keine andere Wahl, als diese Nachbarin zu erdulden. Schließlich war sie Hausfrau und hatte jede Menge Zeit, nach uns schauen zu können. Das bot meinen Eltern ein gewisses Maß an Sicherheit, was uns Kinder betraf.

Es gab natürlich auch jede Menge schöner Tage in dieser Siedlung.Schließlich lebten wir recht frei und genossen die Nähe zu den Feldern und Bächen. Langeweile hatten wir gar keine.
Entweder waren wir zusammen mit den anderen Kindern draußen

und kletterten auf den Bäumen herum, pflückten Äpfel, Birnen und Pflaumen, oder wir bauten Buden, spielten Indianer oder führten Bandenkriege gegen die griechischen und türkischen Kinder aus der Siedlung gegenüber. Oft streunte ich aber auch alleine herum und genoss die Natur.
Wenn das Wetter gar nicht schön war las ich viel, malte oder nahm mein Wolkenbestimmungsbuch in die Hand und beobachtete die Wolken. Auch hörte ich gerne Musik auf dem Plattenspieler meiner Eltern. Das Schreiben von Geschichten machte mir zudem so viel Spaß, dass ich eines Tages beschloss, eine Siedlungszeitung herauszubringen.
Auf der uralten Schreibmaschine meines Vaters tippte ich mühsam meine kleinen Artikel.Viele ausgedachte, aber auch solche, die sich an Geschehnisse in der Siedlung anlehnten. Dazu zeichnete ich kleine Comics und legte diese Zeitungen ein paar wenigen Nachbarn in die Briefkästen.
Leider blieb es nur bei dieser Ausgabe, denn das mühselige Vervielfältigen der Blätter war sehr anstrengend gewesen. Außerdem waren die von mir belieferten „Kunden" nicht besonders begeistert gewesen von meiner Idee. Denn das Besserwisserkind redete nun nicht mehr nur besserwisserisch, sondern es schrieb auch noch alles nieder.

Mein Vater versuchte mir zu dieser Zeit, mir mit eienr Engelsgeduld Mathematik näher zu bringen. So schaffte ich die vierte Klasse zumindest so gut, dass die Lehrerin meinen Eltern mitteilte, ich könnte zwar theoretisch auf ein Gymnasium gehen. Aber die Realschule wäre die bessere Wahl für mich.
Meine Mutter ließ sich dadurch nicht beirren und setze durch, dass ich auf das Gymnasium ging. Damit begann für mich erst recht der schulische Alptraum.

Gemeinsam mit meiner besten Freundin und Trampel besuchte ich nun die fünfte Klasse des Innenstadtgymnasiums unserer Stadt.
War die Grundschule schon schrecklich gewesen, erlebte ich hier nun erst recht mein blaues Wunder.

Abermals taten sich meine Freundin und Trampel zusammen und fanden recht schnell Anschluss an den Rest der Klasse. Ich dagegen war völlig schockiert über die Größe der Schule, der Lautstärke, der vielen Schüler und meiner großen Klasse.
Abermals fand ich mich neben anderen Außenseitern sitzend vor, da ansonsten jedes Kind neben seinem Freund saß.
Ich hatte niemanden, so dass ich grundsätzlich in einer der letzten Reihen hockte. Möglichst noch neben jemanden, der im Unterricht damit beschäftigt war, seine Pickel auszudrücken und den Inhalt zu verspeisen. Mein Ekel war unbeschreiblich groß.
Zudem gab es im Winter immer wieder neuen Ärger für mich von den Lehrern, weil ich meine Jacke nicht ausziehen wollte. Diese Jacke bedeutete für mich aber Rückzug, Sicherheit, Schutz und Wärme. Sie machte mein Zittern unsichtbar, welches meinen Körper durchschüttelte aus lauter Stress. Auch sollte sie mich sprichwörtlich vor der Kälte der Klasse bewahren.
Lehnte ich die Anweisungen der Lehrer ab, sie auszuziehen, folgte die Strafe dafür sofort. Entweder bummelte ich nun die restliche Unterrichtszeit auf dem Flur vor dem Klassenzimmer ab, oder ich wurde bei meinen seltenen Meldungen im Unterricht gar nicht erst dran genommen.

Die anderen Kinder sprachen mich nur selten an.
Ich war eine uninteressante Klassenkameradin, die nur anwesend war und die meiste Zeit unsichtbar blieb.
Ich gehörte schnell zu den schlechtesten Schülern und bekam noch nicht einmal Mitleid geschenkt.
Meine Pausen verbrachte ich erneut auf den Toiletten, die nicht wesentlich besser rochen als die der Grundschule.

Auch hier waren sie veraltet und wurden kaum gepflegt.
Aber das war immer noch besser, als ständig alleine auf dem Schulhof herumstehen zu müssen und unbeachtet zu sein. Auch an dieser Schule hatte ich das Glück, mich ins Nebentreppenhaus schleichen zu können. So hörte ich auf die Geräusche, die um mich herum tobten und fühlte mich unter der untersten Treppe hockend am wohlsten.

Meine Vormittage verbrachte ich in diesem Alptraum mit unfreundlichen Menschen um mich herum. Ich plagte mich mit schlechten Lehrern herum, ging den Schülern aus dem Weg, hörte mir blöde Sprüche an und war froh, wenn ich wieder zu Hause war.
Nachmittags verbrachte ich meine Zeit zusammen mit meiner Schwester oder meiner vermeintlich besten Freundin, solange Trampel anders beschäftigt war.
Warum meine Freundin mich in der Schule so schnitt, und sie niemals an meine Seite trat wenn mich wieder einmal jemand beleidigte, verstand ich nicht. Ich kam gar nicht auf die Idee, an ihrer Freundschaft zu zweifeln. Denn Schule war Schule und privat eben privat. Mir fiel gar nicht erst ein, dass ich mir Gedanken machen sollte. Ich verknüpfte nichts miteinander, war aber immer trauriger und fühlte mich hilflos, nutzlos und schlecht. Langweilig und hässlich und dumm.

Meinen Eltern erzählte ich nichts darüber.
Aus Angst, dass es wieder an mir liegen könnte.
Oft genug bekam ich schon zu hören, dass ich mich mehr anstrengen sollte. Leider verrieten sie mir nie die Zauberformel, mit der ich alles besser hätte machen können.
Ich vermute allerdings, dass meine Mutter sehr wohl zu mir gestanden hätte und das Gespräch mit den Lehrern gesucht hätte.
Das Gefühl der Außenseiterrolle war meiner Mutter schließlich selber sehr gut bekannt. Denn auch sie hatte schwer zu kämpfen weil sie Ausländerin war.

Ich lernte mit zwölf Jahren etwa ein Mädchen aus der Siedlung gegenüber unserer kennen, und es entstand eine wunderbare Freundschaft. Sie gehörte einer Familie an, die strenggläubige Zeugen Jehovas waren. Zudem wohnten sie inmitten der damals so genannten „Türkensiedlung". Dort lebten ausschließlich Menschen dieser Völkergruppe sowie Griechen zusammen.
Ich fühlte mich schnell recht heimisch dort.
Im Sommer grillten die Familien zusammen in den Höfen und meine Freundin und ich waren immer willkommene Gäste.
Mich erinnerte das alles sehr an meine bulgarische Familie. Ich erfuhr nie wieder danach so viel Herzlichkeit, Zugehörigkeit, Selbstverständlichkeit und vor allem Menschlichkeit.
Es war eine vollkommen andere Welt voller guter Gerüche und Gefühle.
Im Winter saßen meine Freundin und ich oft bei ihr im winzigen kleinen Häuschen und spielten Karten oder ließen uns von ihrer Mutter verköstigen. So oft es ging, trafen wir uns nach der Schule.
Diese Freundschaft hielt knapp zwei Jahre.
Doch eine Tages war sie plötzlich weg.
Ich weiß noch, wie verzweifelt ich war, als ich erfuhr, dass die Baracken in dieser Siedlung, die als Zuhause der Familien dienten, durch die Stadt leergeräumt werden mussten. Über Nacht waren fast alle der dortigen Bewohner verschwunden, als eines der Häuser eines Nachts Feuer fing und niederbrannte. Zum Glück war die Familie, die das Haus bewohnt hatte, bereits ausgezogen.
Ich erfuhr niemals, wohin meine Freundin gezogen war.

In der sechsten Klasse träumte ich mich durch den Unterricht und baute immer weiter ab, so dass ich das Schuljahr wiederholen musste. Obwohl meine Eltern enttäuscht waren, dachte ich nur daran, dass ich nun vielleicht neu beginnen könnte und jemanden finden würde der mich mögen täte. Tatsächlich lernte ich in dieser neuen Klasse zwei Mädchen kennen, die sich mit mir anfreundeten. Ich begann Mut zu schöpfen und öffnete mich wieder ein wenig. Ich gehörte endlich dazu, und so verließ ich in dieser zeit zum ersten Mal mit dem Fahrrad meine Wohnsiedlung, um mich mit den Mädchen zu verabreden. Bislang hatte ich die Siedlung nur verlasse, um in die Schule zu fahren.

Diese Mädchen waren jedoch das, was man früher „frühreif" nannte.
Während ich mir selber nichts dabei dachte wenn sie mit Jungen herumalberten, waren sie bereits sexuell aktiv, was ich jedoch erst sehr viel später mitbekam.
Ebenso bekam ich leider wieder viel zu spät mit, dass ich auch jetzt wieder nur ein Mitläufer war. Ich war dazu da, sie zu bewundern. Was ich auch tat.
Denn wer möchte nicht dazugehören, wenn gerade wirklich spannende Sachen geschehen oder geplant werden?
Ich erfuhr sämtliche Begriffe für diverse sexuelle Praktiken und wie man Jungen anmachte, ohne dass ich überhaupt verstand, was eigentlich wirklich los war. Mir war das alles eher unangenehm und zu suspekt. Aber ich hörte zu und tat so, als wüsste ich Bescheid.
Hatten die beiden Mädchen sich zerstritten, musste ich herhalten und mir von beiden anhören, wie fies die jeweils andere nun war.
Am besten sollte ich dazu noch Partei ergreifen.
Obwohl ich mich geehrt fühlte und so dumm und naiv war, verlor ich nicht meine Loyalität und nahm niemals Partei für eine der beiden Mädchen ein.
Als sie schließlich ihren festen ersten Freund hatten, war ich wieder Geschichte und verschwand in den Untiefen des düsteren Seins.

Ich verließ die Schule zum Ende der siebten Klasse um auf eine Realschule zu gehen. Dies wurde meinen Eltern nahe gelegt, weil ich weiterhin eine absolute Nullnummer in der Schule blieb.
So fand ich mich nach den Sommerferien auf einer Realschule in Düsseldorf wieder.

Die nächsten drei Schuljahre waren die einzigen Jahre, in denen ich tatsächlich gute Kontakte zu Klassenkameraden aufbauen konnte, weil sie auf mich zukamen und mir eine Chancen gaben.
Ich wurde endlich gut in der Schule, und trotz massivem Mobbings durch Zwillingsbrüder, fand ich Unterstützung bei den Klassenkameraden und Lehrern.

Das Mobbing fand insofern statt, als dass man mich an meiner Schultasche festhielt und mich daran hinderte, in den Bus oder die Bahn einsteigen zu können. Im schlimmsten Fall blieb ich in der Bustüre stecken und es gab Ärger durch den Busfahrer. Oder aber man rannte mir nach und schubste mich. Dabei wurde ich als „Roma" oder „Sinti" beschimpft. Auch sexuelle Anspielungen musste ich mir zuhauf anhören. Sie fanden immer eine Schrecklichkeit, um mich zu denunzieren und fertig zu machen.
Leider hatte ich einen anderen Schulweg als meine Klassenkameraden und war dem ganzen ziemlich schutzlos ausgeliefert. Das Schlimmste jedoch, was mir durch diese Jungen passierte, als ich einmal gerade auf der Toilette in der Schule hockte. Die Jungen hatten sich rein geschlichen und warfen eine tote Ratte über die Abtrennung in meine Kabine hinein. Schreiend und mit halb hochgezogener Hose rannte ich weinend aus dem Klohaus heraus.
Das war der Moment, wo die Lehrer eingriffen und dem Spuk ein Ende bereiteten. Die Zwillinge durften die Schule nur noch zu ihren Abschlussprüfungen ihrer zehnten Klasse ein paar Wochen später betreten. Meinen Eltern erzählte ich wieder nichts davon, denn sie waren mit ihren eigenen Problemen beschäftigt.
Außerdem hatte ich weiterhin Angst davor, dass sie die Schuld an allem bei mir sehen würden.

Während dieser drei Jahre lernte ich meinen ersten Freund kennen. Er ging in meine Parallelklasse. Und obwohl sich diese sogenannten zarten Bande bildeten, wurde es nur zu Beginn eine kleinere Romanze, die recht schnell von meiner Seite aus in die Beziehung des besten Kumpels rutschte.

Hier befand ich mich auf sicherem Gebiet. Ihm konnte ich vertrauen und alles erzählen. Er war mir Ich wurde endlich gut in der Schule, und trotz massivem Mobbings durch Zwillingsbrüder, fand ich Unterstützung bei den Klassenkameraden und Lehrern.

Das Mobbing fand insofern statt, als dass man mich an meiner Schultasche festhielt und mich daran hinderte, in den Bus oder die Bahn einsteigen zu können. Im schlimmsten Fall blieb ich in der Bustüre stecken und es gab Ärger durch den Busfahrer. Oder aber man rannte mir nach und schubste mich. Dabei wurde ich als „*Roma*" oder „*Sinti*" beschimpft. Auch sexuelle Anspielungen musste ich mir zuhauf anhören. Sie fanden immer eine Schrecklichkeit, um mich zu denunzieren und fertig zu machen.
Leider hatte ich einen anderen Schulweg als meine Klassenkameraden und war dem ganzen ziemlich schutzlos ausgeliefert. Das Schlimmste jedoch, was mir durch diese Jungen passierte, als ich einmal gerade auf der Toilette in der Schule hockte. Die Jungen hatten sich rein geschlichen und warfen eine tote Ratte über die Abtrennung in meine Kabine hinein. Schreiend und mit halb hochgezogener Hose rannte ich weinend aus dem Klohaus heraus.
Das war der Moment, wo die Lehrer eingriffen und dem Spuk ein Ende bereiteten. Die Zwillinge durften die Schule nur noch zu ihren Abschlussprüfungen ihrer zehnten Klasse ein paar Wochen später betreten.
Meinen Eltern erzählte ich wieder nichts davon, denn sie waren mit ihren eigenen Problemen beschäftigt.

Außerdem hatte ich weiterhin Angst davor, dass sie die Schuld an allem bei mir sehen würden.
Während dieser drei Jahre lernte ich meinen ersten Freund kennen. Er ging in meine Parallelklasse. Und obwohl sich diese sogenannten zarten Bande bildeten, wurde es nur zu Beginn eine kleinere Romanze, die recht schnell von meiner Seite aus in die Beziehung des besten Kumpels rutschte. Hier befand ich mich auf sicherem Gebiet.

Ihm konnte ich vertrauen und alles erzählen. Er war mir wichtig und ich ihm.
Nach dem Abschluss der Realschule wollte meine Mutter, dass ich das Abitur mache. Denn nur damit würde ich ihrer Meinung nach eine gute Zukunft haben können. Ich hörte mich um und entschloss mich dazu, auf das Goethe - Gymnasium zu gehen. Das war ja in Düsseldorf. Und mit meiner Realschule in dieser Stadt hatte ich ja schließlich auch Glück gehabt.
So geschah es, und wieder einmal musste ich schnell feststellen, dass ich dort ganz falsch war.
Diese Schule war wieder monströs groß. Ich verlief mich immerzu in dem Gebäude. Auch fand ich abermals keinen Anschluss, da meine Kameraden aus der Realschule entweder die Berufsschule oder andere Gymnasien besuchten, oder eine Lehre machten. Ich wusste wieder nicht, wie ich Kontakte knüpfen sollte und mit wem. Und somit begann ich damit, die Schule zu schwänzen. Alles in allem erschien ich genau dreimal zum Russischunterricht und ebenso oft zu Sport und Spanisch. Da ich bereits volljährig war, erübrigten sich die Entschuldigungen durch meine Eltern.

Es verging das erste Halbjahr, ohne dass meinen Eltern auffiel, dass ich gar nicht in die Schule ging. Ich stieg früh in die Bahn, fuhr in die Altstadt und wartete darauf, bis die großen Läden ihre Pforten öffneten. Dort verbummelte ich meine Zeit entweder bis neun Uhr, so dass ich nach Hause fahren konnte wenn meine Eltern arbeiten waren. Oder ich fuhr kreuz und quer durch die Stadt herum, hielt mich in Parks auf, bis ich um dreizehn Uhr wieder nach Hause fahren konnte, weil meine Mutter zum Spätdienst gefahren war.
Als das Halbjahreszeugnis ausgeteilt wurde, war ich anwesend und meldete mich noch am selben Tag von dieser Schule ab. Ich gestand meinen Eltern alles und war damit einverstanden, wieder auf mein altes Gymnasium zu gehen. Ich hatte im ersten Halbjahr so viel verpasst, dass ich im zweiten Halbjahr kaum mitkam im Unterricht und die elfte Stufe wiederholen musste.

Ich brauche nicht extra erwähnen, dass ich auch jetzt keinen Anschluss fand und meine Pausen meist alleine in der Pausenhalle oder am Springbrunnen des Innenhofes verbrachte.

In der zweiten elften Stufe lief es etwas besser für mich.
Ich fand endlich Anschluss an zwei Mädchen, die selber nicht ganz drin in der Gemeinschaft waren. Wir gründeten also eine Art Zweckgemeinschaft, die jedoch recht fragil war. Man ist ja bekanntlich zu zweit oder gar zu dritt stärker als alleine, und so kam es doch noch zu ein paar wenigen weiteren Bekanntschaften mit anderen Schülern der Stufe. Nach dieser elften Klasse gingen beide Mädchen jedoch von der Schule ab und ich blieb erneut zurück.

Ich weiß nicht mehr so genau wie es dazu kam, aber eines Tages war ich scheinbar nicht mehr so unbeliebt und seltsam.
Obwohl ich weiterhin nicht die Beste in der Schule war, musste ich meine Pausen nun nicht mehr alleine verbringen, sondern durfte mich zu den anderen stellen und sogar mitreden. Wenn ich überhaupt einmal etwas von mir aus zu sagen hatte.
Manchmal überkam mich jedoch das leise Gefühl, dass die Mädchen mich beobachteten. Aber ich schob den Gedanken beiseite und dachte, das würde ich mir nur einbilden. Schließlich schien ich bei den Jungen beliebter zu sein. Sie halfen mir bei den Matheaufgaben und teilten ihre Zigaretten mit mir, denn ich hatte mit dem Rauchen angefangen um mir eine Kontaktaufnahme zu erleichtern.
Ich wurde zu Feten eingeladen und sie verlangten für meine Gesellschaft nichts von mir. Ich gehörte stillschweigend dazu. Ich fasste wieder mehr Selbstvertrauen und schloss mich enger an einen Schulkameraden an, der auch etwas anders war als die anderen.
Andi hieß er, und er war einer der wenigen Punks an dieser Schule. Er war ein sehr ruhiger Junge. Aber mit einem großen Humor in sich. Zusammen hatten wir sehr viel Spaß, auch wenn sich unser Kontakt ausschließlich auf die Schule bezog.

In allen gemeinsamen Fächern hockten wir nebeneinander und machten irgendwie in der letzten Reihe gerne unser eigenes Ding. Meistens lasen wir heimlich Comics. Er und ich wurden also akzeptiert von der Stufe und mein Leben erschien mir plötzlich schön.

Da es scheinbar schick war, schwänzten viele Schüler öfters ein paar Einzelstunden und trafen sich in einem Café in der Innenstadt. Dass ich selbstverständlich mitmachte, gehörte zu meinem Plan, endlich eine von ihnen bleiben zu können.
Dass ich es mir auf Grund meiner Noten gar nicht hätte erlauben können, so weit dachte ich überhaupt nicht. Ich ging an den Wochenenden zu Feten, und der Alkohol wurde mir ein guter Freund. Er half mir, mich zu öffnen, lustig zu sein und nicht alles so ernst zu nehmen. Ich vertrug nach einer Weile ordentliche Postionen davon, was mein Ansehen bei den Jungen noch verstärkte. Dass die Mädchen größeren Abstand von mir hielten, bekam ich kaum mehr mit. Ich fühlte mich dazu gehörig.
Mehr wollte ich nicht.

Ich habe sogar noch ein Fotoalbum mit Fotos aus dieser Zeit.
Inmitten der Mitschüler, lachend und fröhlich.
Aber heute sehe ich auf einigen Bildern die Distanz zwischen den meisten Schülern und mir. Durch das Abitur bin ich mit genau einem Punkt gefallen, was ich der Kunstlehrerin zu verdanken hatte. Während mein Mathelehrer mir genau den einen, wichtigen Punkt zugestand, um nicht durch das Abi zu fallen, zog mir die Kunstlehrerin dafür genau einen Punkt ab. Mich hatte das sehr bedrückt.

Am Tag der Zeugnisausgabe und des Verkaufs des Abiturbuches, welches die jeweilige Abiturstufe jährlich für sich und andere gestaltete, brach für mich meine Welt komplett zusammen. Ich kaufte mir dieses Buch, weil auch ich dazu gehörte, fotografiert worden war,

Artikel geschrieben hatte und somit selbstverständlich stolz auf mich war. Ich schlug das Buch noch in der Schule auf und las einmal quer dadurch. Plötzlich stieß ich auf diverse Meinungsumfragen, und die Leserpost. Es war nicht schön, was ich über mich lesen musste.
Das Schlimmste war ein Leserbrief über mich selber.
Geschrieben von zwei sehr bösartigen jungen Frauen.
Sie schrieben darüber, wie gestört ich sei, wie dumm, wie blöd, und dass bei einer Mutter, die ihr Geld in einer Psychiatrie verdienen würde, ja nichts anderes als so etwas wie mich heraus kommen konnte. Den genauen Wortlaut weiß ich nicht mehr. Warum dies alles da so stand, verstehe ich bis heute nicht. Was war an mir so schrecklich, um einen solchen hasserfüllten Brief über mich zu schreiben?

Das Buch warf ich schweigend in eine Mülltonne und fuhr heim.

Viele Jahre später, genau genommen im Jahre 2012, erhielt ich ganz unerwartet einen Brief von einem ehemaligen Mitschüler dieser Oberstufe. Er war damals einer der Redakteure des Abibuches gewesen. Ich habe längere Zeit gezögert, den Brief zu öffnen. Nicht weil ich wusste, was mich erwarten würde, sondern weil es ein Schritt in die Vergangenheit war, die ich komplett gestrichen hatte.
Grund für diese Kontaktaufnahme war unter anderem die persönliche Einladung zu einer Feier des Abiturs, zwanzig Jahre vorher. Ich selber wusste aus der Zeitung davon, plante allerdings, nicht dorthin zu gehen. Im ersten Brief schrieb er unter anderem folgende Sätze, die mich sehr irritierten:

„ (...) würde ich mich sehr freuen, wenn es im September mit einem Wiedersehen klappen wird. Unsere gemeinsame Schulzeit endete leider mit einem Missverständnis, vielleicht auch mit einer Unbedachtheit meinerseits, dann haben wir uns noch ein paar mal

bei meinem Großvater gesehen und dann aus den Augen verloren. (...)".

Diese Zeilen ließen mich darüber rätseln, was er damit gemeint hatte. Ich war neugierig geworden und schrieb ihm zurück.
Dabei berichtete ich von meinem, damals noch nur vermuteten, Autismus und bat um Aufklärung seiner Worte. Ich konnte mir absolut keinen Reim darauf machen, welches Missverständnis er meinte.

Kurze Zeit später erhielt ich eine zweiten, sehr langen Brief.
Als ich ihn las, erinnerte ich mich wieder mit voller Wucht an den von mir weiter oben beschriebenen Artikel im Abiturbuch. Diese Sache hatte ich bis dato dermaßen verdrängt, dass ich mich erst durch diesen Brief wieder schmerzlich daran erinnerte. In mir stieg eine unglaubliche Wut hoch.
Ich habe viele Abende weinend mit meinem Mann darüber gesprochen und hatte große Mühe, dies alles zu verarbeiten. Zu viele Emotionen überrollten mich, Bilder und vor allem ganz viel Scham. Ich kam kaum mehr zur Ruhe.
Eine Weile später las ich diesen Brief erneut durch und spürte:
Hier meinte jemand es sehr ernst mit seiner Entschuldigung.
Das erste und einzige Mal in meinem bisherigen Leben hat sich jemand so bei mir entschuldigt, dass ich damit in einer Art und Weise für mich Frieden schließen konnte.
Ein Auszug des Briefes mit seinem wichtigsten Element folgt hier:

„ (...) Zu lesen, warum du mit unserer Schulzeit keine guten Erinnerungen verbindest, hat mich ehrlich betroffen gemacht. (...) Was nun zu dem „Missverständnis" führt, das du vergessen hast, wegen dem schlechten Gewissen aber nun umso mehr an mir nagt. Zumal ich mit der Erläuterung Gefahr laufe, alte Wunden aufzureißen. Hätte ich damals auch nur eine Ahnung gehabt darüber, was du mir geschrieben hast, wäre alles anders gelaufen! Ich habe damals die Abizeitung betreut, und neben diversen

Berichten über Kurse und Kursfahrten, für die wir Schüler als Autoren angesprochen hatten, unaufgefordert einen Artikel von V.W. (und ich glaube T. Dingsbums) erhalten, der vor Gemeinheiten nur strotzte.
Wir haben uns in der Redaktion beraten und dann dazu entschlossen, den Anfang dieses Artikels abzudrucken um die Autorinnen – die sich immer so elitär gaben – als das zu zeigen, was sie waren: keine Intellektuellen, sondern ordinär – gehässiges Pack! Leider – und DAS bedauere ich heute umso mehr, als ich es damals schon nach deinem Brief getan habe – haben wir damit dich wegen dieser im Artikel befindlichen Boshaftigkeiten sehr verletzt. Diese waren mir aber seinerseits so absurd, dass ich nie gedacht hätte, dass du vorher schon derlei Anfeindungen hättest ausgesetzt sein können. (...) Du hast dich in dem Brief an mich sehr über diese Veröffentlichung beklagt und du hast sehr verletzt gewirkt. Ich habe dir in einem Brief geantwortet und dir meine und unsere Intention dargelegt. Danach habe ich nichts mehr von dir gehört und mir war klar, bei dir hatte ich nun komplett versch .... (...)."

Für mich ist diese Geschichte nicht mehr vergessen. Ich habe sie nun ein für alle Male abgespeichert. Aber ich habe ihm vergeben. Denn ich finde es mutig und wunderbar, dass jemand nach all den Jahren den Schritt getan hat und sich bei mir gemeldet hat.
Diese Entschuldigung bedeutet mir sehr viel. Sie lässt mich an das Gute im Menschen glauben.

Studium und Ausbildung

Hätte ich auch nur ansatzweise geahnt, dass das Studium für mich ebenso desaströs werden würde wie die Schule, ich hätte es erst gar nicht versucht. Da ich keine Diagnose hatte und mich eigentlich als völlig unauffällig betrachtete, machte ich mir kaum wirklich Gedanken über meine Zukunft als Studentin und fiel am Ende mächtig auf die Nase.
Auf mich warteten diverse Hörsäle, Termine über Termine und Stundenpläne zum selber zusammenstellen, ohne dass ich genau wusste, was relevant zu sein hatte und wie man sich die Vorlesungen passend zusammenstellen sollte.
Diese Strukturlosigkeit ist für autistische Menschen eine extreme Herausforderung. Statt motiviert zu bleiben, ermüdet man sehr schnell und verliert schleichend den gesamten Überblick. Die permanente Überforderung durch das ganze System ist, ohne Unterstützung für mich persönlich, nicht gut gewesen. Zwar verfügte ich über den erforderliche Intellekt, jedoch den Anforderungen des gesamten Unilebens konnte ich nicht gerecht werden. Dabei spreche ich ausschließlich und ausdrücklich nur über meine ganz eigenen Empfindungen zu Beginn der neunziger Jahre im letzten Jahrhundert. Es gibt sehr wohl genügend andere autistische Menschen, die das Unileben als befreiend empfinden, im Gegensatz zur Schulzeit.
Einige bleiben sogar an einer solchen Universität und bilden sich weiter zu Dozenten.

Mein Studium oder: Der vergebliche Versuch dessen

Eigentlich wollte ich nach der Schule eine Ausbildung zur Reiseverkehrskauffrau machen oder als Stewardess arbeiten, weil ich Flugzeuge sehr gerne mag. Leider war mein Englisch viel zu schlecht, um mich in einem der Berufe bewerben zu können.
Zudem spielte meine Mutter nicht dabei mit und drängte mich, trotz meiner Volljährigkeit, dazu, ein Studium zu beginnen. Es gab viele Tränen meinerseits und Erklärungsversuche noch dazu, welche jedoch alle von ihr abgeschmettert wurden. Meine Mutter bestand auf ein Studium, weil sie sich sehr viel von der Zukunft ihrer Kinder versprach. Sie meinte es scheinbar nur gut und wollte, dass wir ein besseres Leben führen könnten als sie selber es, ihrer Meinung nach, führte.
Um meine Ruhe zu haben, willigte ich ich doch noch ein und informierte mich über diverse Studiengänge, die man mit Fachabitur belegen konnte. Kunst wäre in meine engste Wahl gekommen. Ich wusste jedoch nicht, wie ich eine entsprechende Bewerbungsmappe zustande bringen sollte.

Damals gab es noch keinen PC oder das Internet. Somit waren Informationen in dem Umfang, wie ich es gebraucht hätte, nur sehr spärlich zu erhalten. Zumindest für mich. Ich kannte niemanden aus dem Umfeld, und es band mir sprichwörtlich die Hände.
In die zweite Wahl fiel das Fach Sozialwissenschaften mit den Fachbereichen Soziale Arbeit und Erziehung sowie dem Nebenfach Psychologie. Um dies jedoch studieren zu können, benötigte ich ein einjähriges Praktikum in einem sozialen Bereich.
Hier griff meine Mutter wieder ein und vermittelte mir ein bezahltes Praktikum in der Psychiatrie, in welcher sie selber beschäftigt war.
Drei Monate später hatte ich genügend Geld zusammen gespart und zog in ein kleines Appartement des dortigen Schwesternwohnheims. Nach einem Jahr konnte ich mein Studium an der Gesamthochschule in Duisburg beginnen und arbeitete weiterhin in der Klinik.

Nun als Pflegehelferin in Teilzeit, um mich und mein Leben selbständig finanzieren zu können. Pünktlich zum Studienbeginn bezog ich meine erste kleine, richtige Wohnung in Düsseldorf.

Der Campus in Duisburg war riesig und meine einzige Frage war in den ersten Tagen:

„Wie, um alles in der Welt, soll ich mich hier nur zurechtfinden?!

Ich kannte niemanden dort, und es bedeutete eine irrsinnige Überwindung für mich, im Sekretariat nach den Unterlagen, Abläufen und anderen wichtigen Dingen zu fragen. Zwar hatte ich ein Studienführer – Buch erhalten, in dem relevantes zu erlesen war, aber für mich reichte dieser noch lange nicht aus zum Verständnis.
Ich bekam mit Müh und Not einen Stundenplan für das erste Semester zustande und besuchte die Vorlesungen, sofern ich die Räumlichkeiten überhaupt fand. Oft genug stand ich ratlos auf dem Campus herum und wusste nicht, wo meine nächste Vorlesung stattfinden sollte. Hatte ich endlich die Räumlichkeiten gefunden, war die Vorlesung schon längst in Gange.
Ich traute mich jetzt nicht mehr, die Türe zu öffnen und mich leise dazu zu gesellen. Also ergab es sich oft genug, dass ich wieder heim fuhr und dort für mich selber lernte. Schließlich wollte ich das Studium unbedingt gut schaffen.

Meine Hausarbeiten fielen alle immer sehr gut aus, ebenso wie meine Klausuren. Ich beschäftigte mich viel mit dem Thema des Dritten Reiches, weil dies schon von früher Jugend an mein Steckenpferd gewesen war.
Nach drei Semestern fand ich endlich Anschluss an eine Kommilitonin und deren ehemaligen Klassenkameraden. Nun waren wir zu dritt und halfen uns gegenseitig. Was mich jedoch nach dem vierten Semester wieder verstärkt aus der Bahn warf, waren die vielen Leerzeiten in meinem Stundenplan.

Es gab Vorlesungen, die begannen früh um acht Uhr und dauerten bis in die Mittagszeit hinein. Dann hatte ich erst wieder um sechzehn Uhr eine Vorlesung, oder die Vorlesungen fanden gar nicht am Vormittag statt, sondern begannen erst um fünfzehn Uhr und dauerten an bis etwa zwanzig Uhr. Manchmal fuhr ich auch nur für zwei Stunden an die Uni, und manchmal hatte ich freie Vorlesungszeiten.

An zwei Wochenenden im Monat und jeden Dienstag in der Woche war ich in der Gerontopsychiatrie arbeiten. Wenigstens waren diese Tage strukturiert.

Außerhalb dieser Tage entglitt mir mein Unileben immer mehr, und mit Nichtbestehen der Statistikklausur im zweiten Anlauf, verlor ich die Perspektive. Mir war bewusst: würde ich zum dritten Mal die Klausur nicht bestehen, müsste ich dieses Studium ganz aufgeben. Ich begann in den Tag hineinzuleben, traf mich mit meinem damaligen festen Freund, den ich mit achtzehn Jahren kennengelernt hatte, verbummelte die Zeit mit Lesen, spazieren gehen, dem Haushalt, der Arbeit, besuchen meiner damaligen Freundin und dem Nichtstun.

Natürlich fragten meine Eltern mich nach dem Stand der Dinge. Ich erzählte jedoch nur die halbe Wahrheit, beschönigte vieles oder wechselte das Thema. Ich bekam mit, wie meine Kommilitonin immer näher an ihr Diplom heranrückte und versuchte, noch einmal den Anschluss zu finden.

Ich besuchte eine Vorlesung, in der es darum ging, die Betreuung von Grundschulkindern in den Freistunden gewährleisten zu können. Streng genommen war dies der Vorläufer der heute sogenannten „offenen Ganztagsbetreuung". Unsere Aufgaben waren, zusammen mit dem Dozenten ein Konzept zu erarbeiten anhand der vorher ausgefüllten Fragebögen durch die informierten Eltern dieser beiden Grundschulen in Kampf – Lintfort.

Wir brauchten eine Information dessen, von wann bis wann die Kinder betreut werden sollten.

Wir stellten danach ein Konzept zusammen, aus dem hervorging, dass wir von acht Uhr morgens bis fünfzehn Uhr am Nachmittag in zwei Schichten den Bedarf abdecken wollten. Somit fingen wir bereits morgens die Kinder auf, deren Eltern selber um spätestens neun Uhr mit ihrer Arbeit anfangen mussten, und betreuten sie bis fünfzehn Uhr, so dass die Eltern ihre Kinder beruhigt aus der Schule nach der Arbeit abholen konnten. Mit diesen Kindern übten wir Aufgaben in den Fächern, in denen sie Schwierigkeiten hatten, machten früh vergessene Hausaufgaben zusammen mit ihnen nach ehe der Unterricht um neun Uhr begann oder spielten gemeinsam Spiele.

Das Projekt machte mir sehr viel Spaß, denn wir hatten es mit unterschiedlichen Kindern zu tun. Die meisten waren gut sozialisiert, aber ich erinnere mich an zwei Jungen, die beide für sich sehr extrem in ihrem Verhalten waren. Der eine Junge war grundsätzlich außer Rand und Band. Er ging sprichwörtlich über Tische und Bänke und ließ sich kaum etwas sagen. Er konnte urplötzlich sehr aggressiv werden und dabei lauthals lachen. Dieses Auftreten besprach ich mit dem Direktor, als der Junge mir eines Tages anfing, die Stiefel sauber zu lecken.
Ich war dermaßen geschockt, dass ich meinen Dozenten darüber informierte. Zur Info bekam ich nur wage Aussagen über die Familienverhältnisse des Jungen. Ich bemühte mich auf meine eigene Art und Weise um das Kind und siehe da: plötzlich war er mir gegenüber sehr zugänglich und folgsam.
Ohne Strafen und Ausschluss aus dem gemeinsamen Spiel.
Leider erfuhr ich später nicht, wie es mit dem Kind weiter ging.
Neben ihm gab es noch einen zweiten Jungen, der sehr ruhig war. Am liebsten saß er neben mir und spielte Memory mit mir zusammen. Ein ums andere mal und wieder von vorne. Dieser Junge besuchte zum zweiten Mal die erste Klasse.
Laut dem Direktor sah es so aus, als würde das Kind auch dieses Mal nicht die Ziele der ersten Klasse erreichen.

Mir erschien dies unvorstellbar, denn ich erlebte ein wahnsinnig kluges Kind, welches sehr bedacht sich äußerte und einfach etwas in sich gekehrter war. Anschluss hatte der kleine Kerl nicht so sehr, wie ich bei gemeinsamen Spaziergängen mit den Kindern beobachten konnte.
Er, genauso wie der oben beschriebene Junge, waren mir beide sehr ans Herz gewachsen. Weil sie ganz anders waren als die anderen Kinder.

Nach einem Jahr war dieses Projekt beendet, und ich verfiel wieder in diese mir schon längst vertraute Blase des Nichtstuns. Ich versuchte einen letzten Anlauf in dem Fach Statistik, aber ich stellte fest, dass ich dieses Fach niemals bestehen würde. Ich resignierte und erschien vorläufig nicht mehr an der Uni, nachdem ich mir ein Urlaubssemester nahm.
Die freie Zeit verbummelte ich nun wieder mit Hilfe meiner Arbeit und dem vor mir her leben.
Zu diesem Zeitpunkt hatte ich die Psychiatrie verlassen, nachdem ich ein Jahr lang auf der geschlossenen Station für Suchtpatienten gearbeitet hatte und sich dort zwei junge Menschen das Leben genommen hatten.

Ich war nun in Ratingen in einem Altenheim als Pflegehelferin eingestellt und hatte meine monatlichen Dienstzeiten hochgeschraubt auf fünfzig Prozent.
Auch lernte ich zu diesem Zeitpunkt meinen heutigen Ehemann kennen, der in einem der Wohnbereiche als Zivildienstleistender gearbeitet hatte.
Nach zehn Jahren Beziehung war dies auch der Moment, wo ich meine Beziehung zu meinem Expartner endgültig beendete.
Als ich einunddreißig Jahre alt war, kam unsere erste Tochter zur Welt und ich beschloss, in den Erziehungsurlaub zu gehen. Meine Gedanken hingen noch etwas an meinem Studium und ich fragte mich lange, ob ich den letzten Schritt hin zum Diplom nicht doch noch ein letztes Mal versuchen sollte.

Aber das Wissen um die Statistik ließ mir keine andere Wahl als zu überlegen, was ich alternativ machen könnte.
Da ich nun ein Kind zu versorgen hatte, dachte ich nach und entschloss mich dazu, eine Ausbildung zur Krankenschwester zu machen. Dies erschien mir am Logischsten für mich, da ich nun schon so lange in der Pflege tätig gewesen war.

Meine Ausbildung zur Krankenschwester

Als meine erstgeborene Tochter anderthalb Jahre alt war, begann ich meine Ausbildung zur Krankenschwester in einem Krankenhaus in Mettmann. Diese Ausbildung war zur Hälfte schulischer Art in einem Klassenverband und zur Hälfte mit Einsätzen auf unterschiedlichen Fachbereichen der Klinik.
Ich fand mich in einer Klasse wieder, die mich einerseits an meine Schulklassen erinnerte und mich, besonders zu Beginn, häufig unsicher machte. Andererseits bemerkte ich, dass ich nicht die Älteste dort war.
In dieser Klasse waren noch zwei Frauen jenseits ihrer vierziger Jahre, die sich recht spät zu dieser Umschulung entschlossen hatten. Das war meine Rettung. Diese Frauen sprachen mich an, und wir wurden erst eine Zweckgemeinschaft und später tatsächlich gute Freunde. Mit ihnen fühlte ich mich sicher.
Unsere Gespräche hatten ein recht hohes Niveau und sie nahmen mich ernst. Mit den jüngeren Klassenkameraden hatten wir nicht ganz so viel zu tun. Wir gehörten dazu und waren, scheinbar durch unser Alter, eine Art Respektperson für sie. Das Lernen erlernte ich nun zum ersten Mal während dieser Zeit, denn bisher hatte ich mich dafür für zu unfähig gehalten.

Die Schule, und damit der festgesetzte Stundenplan, boten mir eine absolute Struktur, in der ich Fuß fassen konnte und Sicherheit gewann.
Warum dies erst in meinem reiferen Alter so geschah, kann ich nicht erklären. Ich vermute, es lag an der Tatsache, dass ich meine zwei Freundinnen um mich herum wusste und mich endlich einmal auf die wesentlichen Dinge konzentrieren konnte. Ich stellte fest, dass ich im Unterricht nur alles aufschreiben und vor den Klausuren meinen Ordner mehrfach durchblättern brauchte. Alles Wesentliche hatte ich unterschiedlich gemarkert.
Rot waren die Notizen, die am allerwichtigsten waren. Danach folgte grün, dass blau und am Ende gelb. In den Klausuren selber, schloss ich die Augen und wusste exakt, wo ich was zu finden hatte in meinem Ordner und konnte gedanklich ablesen. Ich habe ein sehr bildliches Gedächtnis.

Dass nicht alle Menschen so zum Beispiel auch Denken, wurde mir erst vor ein paar wenigen Jahren bekannt. Das bildliche Denken ist anscheinend besonders unter Autisten sehr ausgeprägt. Berichten meine Kinder oder mein Mann mir etwas aus der Schule oder von der Arbeit, sehe ich alles deutlich vor mir. Als würde ich einen Film schauen. Mein Mann berichtet mir dagegen, dass er zuhört und es abspeichert. Ohne Bilder.
Ebenso läuft es bei mir im Kopf ab, wenn ich nachdenke.
Es sind keine Wörter oder Schwärze oder so zu finden. Nein, es sind Bilder. Ich stelle mir meine Gedankengänge also richtig vor.
Wie ich etwas mache, sage oder sagen werde.

Referate waren immer ein großes Hass – Gebiet für mich.
Das Ausarbeiten dessen fand ich immer interessant und übernahm diese Aufgaben meist sofort. Das Vortragen vor der Klasse jedoch war schrecklich. Meine zwei Freundinnen waren der Ansicht, dass ich für einen solchen Bereich perfekt gewesen sei, denn ich hätte ihrer Meinung nach den absoluten Durchblick.

Dass ich mich aber immer wieder neu massiv dazu überwinden musste, ahnten sie nicht.
Die eine wollte diese Aufgabe nicht übernehmen, da sie sich ständig verhaspelte und sich genierte, und die andere musste ständig Lachen und hatte Angst, dass sie bei Nachfragen durch den Dozenten keine Antworten geben könnte. Aber das waren insgesamt auch meine Ängste. Zusätzlich zu dem Unbehagen, dass mich nun alle anschauen würden und meine Stimmlage einen halben bis ganzen Ton dunkler und monotoner werden würde.
So ist es nämlich immer, dass ich die Kontrolle über meine Stimme verliere. Sie gehört nicht mehr zu mir und ich merke es sofort.
Seltsamerweise behaupten alle Menschen um mich herum, dass ich gerade dann extrem professionell vortrage.

Während die Schulblöcke für mich relativ entspannt waren, sah es im Einsatz auf den diversen Stationen nicht immer so gut aus für mich. Wir Schüler waren jeweils für sechs bis acht Wochen in den verschiedenen Bereichen eingesetzt, um die Praxis zu erlernen. Jeder Einsatz begann für mich mit Bauchschmerzen, die auch in den folgenden Wochen nicht wirklich weg gingen. Ich kam zum Dienst und lernte zuerst die zukünftigen Kollegen kennen. Meist war es so, dass wir Schüler sie nicht besonders interessierten. Wir waren eben da und sollten den Betrieb möglichst sofort mit aufrecht erhalten. Nach einer allgemeinen namentlichen Vorstellung aller Kollegen, wurde einem die Station schnell gezeigt und das Wichtigste erklärt. Danach mussten wir auch schon in das „kalte Wasser" springen.

Auf der internistischen Station ging es wesentlich ruhiger zu als auf der Chirurgischen. Der Ablauf war regelmäßiger und überschaubarer. Das kam mir zu Gute. Im chirurgischen Bereich fand ich die Arbeit jedoch um Längen interessanter.
Allerdings herrschte dort ein Kommen und Gehen der Patienten. Operationen mussten vorbereitet und nachbetreut werden. Es war sehr hektisch mitunter, und der Stationspfleger trug nicht dazu bei, sich aufgehoben und sicher zu fühlen.

An die Zeit dort erinnere ich mich bis heute nur mit Schrecken zurück.
Ich war vom ersten Tag an seiner Willkür ausgesetzt und fand mich immer wieder als Spielball unter den examinierten Kollegen wieder. Zum Beispiel wurde mein Dienstplan einfach ohne Rücksprache mit mir geändert, nachdem ich bereits nach dem Frühdienst nach Hause gefahren war. Eine telefonische Information erfolgte nicht, so dass ich am nächsten Tag zum ursprünglichen Frühdienst kam. Natürlich gab es ein großes Theater, warum ich statt um vierzehn Uhr bereits um sechs Uhr fünfzehn auf der Station gewesen war. Auf meinen Einwand, dass ich nichts von dieser Umsetzung wusste, wurde nicht eingegangen. Und obwohl ich mich versuchte zu wehren mit der Aussage, dass ich nun aber keinen Spätdienst machen könnte weil ich die Betreuung meines Kindes nicht umorganisiert bekommen würde, wurden die Kollegen super böse auf mich.
Ich hatte so zu arbeiten wie sie es sagten. So musste ich oft genug schauen, wie ich mein Privatleben und die Betreuung des Kindes irgendwie anders gestaltet bekam als geplant. Vorgesprochen bei unserer Schulleitung hatte ich nicht, denn ich wollte nicht noch mehr auffallen und für Probleme sorgen. Diese Ausbildung war mir so wichtig.
Meine Dienste begannen deswegen häufig mit Durchfällen nach den Übergaben am Morgen und endeten mit bitteren Tränen im Auto auf der Heimfahrt.

Am liebsten war mir der Einsatz auf der Intensivstation, obwohl ich in dieser Zeit dort allerhöchsten Respekt vor der Arbeit bekam. Das Team war offen und sehr professionell. Ich lernte sehr viel durch die Kollegen.
Ich überlegte sogar eine Weile, ob dieser Bereich für mich der optimale Arbeitsplatz werden könnte. Allerdings traute ich mir den Umgang mit all der Apparatur nicht zu. Es gab zu viele Schläuche und somit zu viele Möglichkeiten, etwas falsch zu machen.

Mein Examen war für mich die Hölle, da ich die praktische Prüfung auf der Station machen musste, wo dieser gemeine Stationspfleger das Sagen hatte.
Ich war sehr geängstigt und geplagt und hoffte, dass ich mich nicht zu dumm anstellen würde.
Außerdem war ich im fünften Monat schwanger mit meiner zweiten Tochter und hatte mit einigen Schwangerschaftsproblemen zu tun.
Die Prüfung gelang mir schlussendlich sehr gut, obwohl eine von der Schule und dem Stationspfleger ausgesuchte Patientin für mich plötzlich ausgefallen war und Ersatz besorgt werden musste.

Die schriftliche Prüfung war für mich nicht der Rede wert. In diesem Gebiet fühlte ich mich sicher. Allerdings erwies sich die mündliche Prüfung als sehr viel schlimmer. Ich wusste was ich konnte, und ich fühlte mich in jedem Fach sicher. Dennoch saß ich am Ende zitternd und weinend vor dem Prüfungskommitée und habe mir alles einigermaßen zurecht gestammelt.
Ein Oberarzt hatte seinen Notfallkoffer dabei und sagte am Ende besorgt zu mir, dass er wirklich Angst gehabt hatte, diesen Koffer bei mir einsetzen zu müssen.

Als ich mein Zeugnis ausgehändigt bekam, war ich sehr stolz auf mich.
Zum ersten Mal hatte ich etwas angefangen und auch gut zu Ende gebracht.

Leben wollen wie „die Anderen"

Schon in meiner frühen Jugend malte ich mir oft aus, wie mein Leben in der Zukunft aussehen könnte. Ich überlegte, ob auch ich jemals einen Freund haben würde. Oder ob ich eines Tages heiraten würde und Kinder bekäme. Ob mein Leben schön wäre. Viele Nächte lang lag ich wach und stellte mir vor, wie mein Haus aussehen könnte, mein Garten, mein zukünftiger Ehemann und meine Kinder.
Ich dachte mir Namen aus und spielte gedanklich mein späteres Leben durch.

Als meine Klassenkameradinnen und „ab und zu Freundinnen" in das Alter kamen, sich zu verlieben oder einfach nur für einen Jungen zu schwärmen, war ich fast so etwas wie neidisch. Oder eher ungebremst neugierig.
Auch ich wollte wissen wie es sich anfühlt, wenn man verliebt sei.
Ich hörte mir also die Erzählungen der Mädchen in den Pausen an und dachte über das Erzählte tagelang nach. Eines Tages verliebte ich mich tatsächlich in einen Jungen. Ich war damals dreizehn Jahre alt, und der Junge erfuhr davon nichts. Ich erzählte grundsätzlich niemanden etwas über meine innere Gefühlswelt.
WAS bei mir anders lief als bei den anderen Mädchen war, dass ich nun über jeden Jungen nachdachte, der mir über den Weg lief. Name oder Herkunft, Schule und Aussehen waren mir nicht wichtig. Damit befasste ich mich nur am Rande. Ich kann behaupten, dass ich immer sofort in jeden Jungen verknallt war der mir begegnete.
Ich schrieb Tagebuch um Tagebuch voll.

Erst als ich erwachsen war und diese Bücher wieder zur Hand nahm, realisierte ich, wie unsinnig meine Gefühlswelt damals war.
Wie rudimentär mein Verstand von Liebe.
Häufig war ich in drei oder vier Jungen gleichzeitig verknallt. Ich brachte mich gedanklich selber in äußerste Unruhe, weil ich nachts nur deshalb nicht schlafen konnte.

Weil ich mich damit befasste, welchem Jungen ich meine Gunst erweisen sollte. Und keiner der Auserwählten ahnte davon.
Vor lauter Scham vor mir selber, warf ich diese Tagebücher vor ein paar Jahren weg.

Mit fünfzehn Jahren hatte ich tatsächlich meinen ersten Freund in der Realschule, mit dem außer Händchen halten und ab und zu ein harmloses Küsschen nicht mehr passierte. Der Gedanke daran, dass andere Mädchen in dem Alter schon intimer wurden mit ihren Freunden, schreckte mich massiv ab. Eine solche Intimität ließ ich gar nicht erst aufkommen.
Diese Verliebtheit hielt bei mir auch gar nicht so lange an, aber aus ihr erwuchs eine für mich sehr wichtige Freundschaft zu diesem Jungen. Er wurde zu meinem Beschützer. Auf ihn konnte ich mich verlassen. Mit ihm erlebte ich Spaß am Leben, Freundschaft und die großen und kleinen schönen Dinge, die eine Jugend lebsam machen. Ich war für ihn kostbar und er behielt mich immer im Blick.
Als wir die Realschule nach der zehnten Klasse verließen und er eine Ausbildung begann, lernten wir jeweils neue Partner kennen. Dennoch versuchten wir, unsere Freundschaft weiterhin zu pflegen. Leider hatte seine neue Freundin keine große Begeisterung übrig für mich. Und auch mein Freund war nicht sehr erfreut über mein Festhalten an ihm. So verloren wir uns aus den Augen und es tat mir sehr lange Zeit sehr weh.
Ich dachte oft an ihn und sprach gedanklich vieles mit ihm ab. Ich las seine Briefe an mich und verlor mich in alte Zeiten. Doch eines Tages war auch er nur noch eine blasse Erinnerung.

Als ich dreiundzwanzig Jahre alt war, zog ich aus meinem Elternhaus aus. Als Praktikantin in der Psychiatrie verdiente ich genug Geld, um mir ein kleines Appartement im Schwesternwohnheim zu leisten.
Meiner Mutter fiel der Auszug sehr schwer. Trotzdem wir ein sehr ambivalentes Verhältnis zueinander hatten, vermisste auch ich die Familie oft genug.

So besuchte ich sie öfters während ihrer Dienstzeit auf ihrer Station, wenn ich gerade selber frei hatte. Daneben fuhr ich jedes Wochenende nach Hause.

Zum ersten Mal lebte ich alleine und kam mir sehr großartig vor.
Ich richtete mich in meinen Räumlichkeiten ein, so wie ich es immer haben wollte. Ich war sehr zufrieden. Meine Kontakte hatte ich durch die Arbeitskollegen. Freundschaft gab es nur zu einer Person in meinem privaten Umfeld. Es war eine Zweckfreundschaft, da sie die Freundin des Cousins meines Freundes gewesen war.

Nach etwa einem halben oder einem Jahr bekam ich durch einen Kollegen eine kleine Zweiraumwohnung vermittelt. Seine Freunde, ein jungverheiratetes Paar mit Kleinkind, lebten in einem alten Haus aus der Jahrhundertwende. Die kleine Einliegerwohnung hatten sie gerade renoviert, und für mich war sie ein Traum.
Ich liebte diese Wohnung vom ersten Moment an über alles.
Das Haus war von außen komplett mit wildem Wein bewachsen.
Es besaß uralte weiße Holzfenster mit Sprossen drin, und ich hatte einen kleinen Wintergarten für mich ganz alleine. Das Haus stand auf einem großen Grundstück, verwildert und verträumt. Gerade richtig für meine zwei Katzen. Noch bis heute träume ich manchmal von diesem Haus. Und in diesen Momenten spüre ich wahrhaftig immer noch eine tiefe Sehnsucht und Zufriedenheit in mir drin.

Ich habe vier wundervolle Jahre in diesem Haus verbracht, zusammen mit dieser jungen Familie. Einerseits lebte ich wieder ganz selbständig, andererseits war ich auch sehr in ihrem Leben integriert. Mir half dies alles sehr. Ich konnte mich jederzeit an sie wenden wenn ich Sorgen hatte. Aber ich konnte mich auch jederzeit völlig abschotten wenn ich es brauchte. Ich wurde nie ausgelacht, sondern ernst genommen.
Es fehlte nur noch mein Freund im Zusammenleben. Darauf arbeitete ich hin und bedrängte ihn, zu mir zu ziehen. Dies tat er auch, allerdings nur Tageweise.

Einen Großteil der Woche verbrachte er nach der Arbeit bei mir, schlief aber oft genug bei sich daheim, im Haus seiner Eltern.
Richtig zu mir ziehen wollte er nicht. Unsere Beziehung war nicht sehr stabil. Denn zur Abiturzeit hatte ich ihn einmal verlassen, weil ich jemand anderes kennengelernt hatte. Scheinbar spürte ich im Unterbewussten, dass die Beziehung zu meinem Freund nicht die Passende für mich werden sollte.
Mit diesem anderen jungen Mann während der Trennungszeit verbrachte ich eine lustige Zeit, aber er war noch Lichtjahre davon entfernt, sich für die Ewigkeit binden zu wollen.
Ich kehrte zu meinem Exfreund zurück und erkannte nicht, welche Scherben ich hinterlassen hatte.

Ich begann öfters damit, Druck aufzubauen, denn ich wollte ganz normal leben, wie die Anderen auch.
Eine gemeinsame Wohnung, ganz wirklich echt zusammenleben, Arbeit und Unileben und eines Tages eine Familie gründen. Meinem Freund behagte dies wohl nicht besonders. Ich hatte, wie bereits erwähnt, an der Uni eine Kommilitonin kennengelernt, die mit ihrem Freund zusammenlebte.
Mit ihnen trafen wir uns oft am Wochenende und spielten Billard oder saßen gemeinsam in deren Hof und grillten.
Mein Freund fand das dadurch häufigere Übernachten bei mir nun nicht mehr ganz so einengend, und ich dachte, wir seien auf einem guten Wege dahin, dass wir ein solides und bürgerliches Leben leben könnten. Leider begann dies alles kurz danach schon vorsichtig zu bröckeln.
Er hatte seinen Arbeitsplatz gewechselt und lernte über diesen seine neuen Freunde kennen. Diese waren mir sehr suspekt. Es gab unterschiedliche Paarkonstellationen dort, die sich regelmäßig neu untereinander formierten. Ich wusste nicht, was ich davon halten sollte. Es wurde viel gefeiert, viel Alkohol getrunken und viel seltsames Zeugs geraucht. Egal, ob nun Wochenende war oder mitten in der Woche: die Partys wurden gefeiert wie sie alle gerade dazu Lust hatten.

Ich selber war nur zwei oder drei Mal dabei gewesen.
Es war mir zu unübersichtlich, zu fremd, zu viel, zu laut, zu locker.
Die Frauen ignorierten mich und machten meinen Freund in meiner Gegenwart schöne Augen. Die Männer waren alle recht schnell betrunken und verschwanden immerzu mit irgendwelchen Mädchen.
Mein Freund genoss das alles sehr und ließ mich jedes Mal sofort nach unserer Ankunft stehen. Während er sich amüsierte, stand ich stumm irgendwo in einer Ecke herum oder saß an einem Tisch, das Colaglas fest in meiner Hand. Stunde um Stunde.
Und keine Chance, eher heimfahren zu können.
Als ich nach dem letzten Treffen sagte, dass ich nicht mehr mitkommen würde, schien mein Freund ziemlich erleichtert zu sein.
Von nun an blieb er auch unter der Woche regelmäßig nach der Arbeit dort bei den Kumpels, während ich daheim saß und wartete.
Er übernachtete dort und genoss sein neues Leben in vollen Zügen.

Mittlerweile waren wir in eine etwas größere Wohnung gezogen, in der er nicht oft zu finden war. Er hatte den Motorradführerschein gemacht und war sehr häufig auf Tour mit seinen neuen Freunden.
Ich besuchte derweil weiterhin die Uni, arbeitete in einem Altenheim und hatte daheim im Privaten nur sporadisch Kontakte zu anderen Menschen. Ich lebte, bis auf die Besuche bei meinen Eltern und der Freundin des Cousins meines Freundes, ziemlich isoliert.
Zwar hatte ich immer irgend etwas zu tun, aber ich fühlte mich einsam. Das Lesen, Spazieren gehen, malen und fotografieren lenkten mich nur bedingt ab. Es gab keine interessanten Gespräche, keine gemeinsamen Unternehmungen und auch keine offensichtlichen Gefühlsäußerungen zwischen uns. Wir lebten zwar zusammen, aber doch getrennt.
Ich realisierte langsam, dass wir ein völlig unterschiedliches Lebensmodell anstrebten. Um mich herum trennten sich Paare, fanden neue und trennten sich wieder, und ich verstand nicht, warum das so sein musste.

Ich hielt weiterhin an meiner Vorstellung von Zusammenleben fest und drängte meinen Freund dadurch langsam aber sicher aus dieser Beziehung von mir weg.
Unsere Wohnung mussten wir schnell wieder gegen eine Kleinere eintauschen, da sie uns viel Geld kostete. Ich war finanziell immer weniger gut bestückt, weil ich für fast alle Ausgaben zuständig gewesen war obwohl er besser verdiente als ich. Wir bezogen ein Großraumappartement, und hier begann unsere Beziehung erst recht auseinander zu gehen.

Mein Freund kam immer später nach Hause und mied engere Kontakte zu mir. Nichts war so wie ich dachte. Wie es sein zu hatte. Wir lebten uns weiter und weiter auseinander. Ich realisierte langsam, dass es auch an mir zu liegen schien, wusste aber noch nicht so recht woran.
Ich tat doch alles menschenmögliche für diese Beziehung.
Warum sah er es nur nicht?
Andere Menschen beenden eine Beziehung wenn sie nicht mehr gesund für einen der Partner oder gar für beide Partner ist.
Ich dagegen versuchte auf Krampf, zusammen zu halten, was nicht mehr zusammenpasste.
Und mein Freund reagierte mit Flucht auf meinen Wunsch nach Harmonie und meinen Vorstellungen einer Beziehung.
Er veränderte sich mir gegenüber immer mehr und wurde zeitweise richtig gemein. Er behandelte mich immer abwertender und respektloser. Bei gemeinsamen Besuchen seiner Familie begann er damit, mich vor allen bloß zu stellen, zum Weinen zu bringen und mich zu kränken. Seine Eltern wurden daraufhin auf ihn böse, und am Ende war der gesamte Abend oder Nachmittag im Eimer.
Und schuld daran trug ich alleine, seiner Meinung nach.
In politischen und gesellschaftstypischen Diskussionen mit meinen ehemaligen Vermietern meiner ersten Wohnung ließ er mich nicht aussprechen, fuhr mir über den Mund mit Aussagen wie:
„Du hast von nichts eine Ahnung, also halte, verdammt noch mal, deine Klappe!"

Es war schrecklich und ich schämte mich so sehr für sein Verhalten.
Auch unsere Freunde waren darüber sehr erschrocken.
Aber Ansagen von ihnen an ihn schmetterte er charmant ab mit Worten wie:
„Das war doch nur Spaß!"

Das sollte Spaß sein?
Ich sah es nicht so und schwieg danach meist nur noch.
Im Streit fielen ob sehr boshafte Wörter und Aussagen mir gegenüber, und ich verlor eines Nachts die Kontrolle über mich, nachdem er mich wieder einmal nur beschimpft hatte. Ich sprang aus dem Bett und zerlegte unseren Kleiderschrank mit bloßen Händen. Schreiend.
Als ich erschöpft damit fertig war und mich auf mein Bett setzte, sagte ich leise zu ihm, dass er mich nie wieder jemals im Leben so weiter behandeln und so beleidigen wird. Ich würde ihn sonst töten.
In diesem Moment war es mir bitter ernst und er erkannte es auch.
Von dem Tag an ließ er mich in Ruhe, sprach nur noch das Nötigste mit mir und ich erkannte, was für eine kranke Beziehung wir führten.
Weil wir absolut nicht zusammen passten und niemand von uns einsehen wollte, dass ein offizielles Ende der Beziehung die beste Möglichkeit für uns beide war, unser Leben neu beginnen zu können.
Ich war nicht in der Lage zu erkennen, dass er ein sehr freiheitsliebender Mensch war und oberflächlicher insgesamt dazu.
Für ihn bedeutete das Leben etwas ganz anderes als für mich.
Ich hatte aber dazu lange nicht erkannt, wie klammernd ich mich verhalten hatte. Wir hatten ganz unterschiedliche Vorstellungen von unserer Zukunft.
Der Weg zu dieser Erkenntnis war lang und hart.
Was war das auch für eine Beziehung, in der mir zehn Jahre lang mein einmaliges Fremdgehen vorgeworfen wurde, wofür ich mich sowieso schon in Grund und Boden schämte?
Eine Beziehung, die tiefe Wunden gerissen hatte?
Eine Beziehung, die oberflächlicher nicht sein konnte?

Eine Beziehung, in der ich zu Beginn große Probleme mit Nähe und Distanz hatte? In der zum Ende hin alles umgekehrt war?
Ein zu viel, ein zu wenig, ein zu gar nicht mehr vorhanden sein.
Und Am Ende die große Erkenntnis: SO will ich nicht weiterleben.
Ich nicht mit ihm und er nicht mit mir.

Das „so tun als ob", das jahrelange Schauspielern, auch vor mir selber, fand ein jähes Ende, als ich die Kondome in seinem Auto fand.
Hatte ich vorher zumindest noch ansatzweise Strukturen und Halt, Ordnung und eine gewisse Stabilität gehabt, flog mir alles mit einem Schlag wie eine Explosion um die Ohren. Alles brach zusammen.
Ich ging nicht mehr zu den Vorlesungen an die Uni, verließ kaum die Wohnung, kaufte nur noch Katzenfutter, Brot und Aufschnitt ein, kochte kaum noch (mein Freund aß meistens bei seinen Eltern) und nahm innerhalb kürzester Zeit über zehn Kilogramm ab. Dazu fand ich „Gefallen" an Campari Orange. Mein Leben war völlig aus den Fugen geraten. Es gab nichts mehr, woran ich mich festhalten konnte.
Trotz alle dem lebten wir noch fast ein Jahr zusammen in dieser Wohnung, offiziell als Paar, aber emotional völlig entfremdet. Es gab weder Intimitäten noch Gespräche zwischen uns. Wir versuchten, so wenig wie möglich aufeinander zu treffen. Da die Wohnung keine abgetrennten Räumlichkeiten hatten, hielt sich mein damaliger Freund oft bei seinen Eltern oder seinen neuen Freunden auf.
Ich hockte derweil alleine in dieser Wohnung herum und verlor mich immer mehr in meiner Isolation.
Darüber gesprochen hatte ich damals mit niemanden.

Meinen Eltern fiel auf, dass ich schmaler wurde, schoben dies jedoch auf den Stress des Studierens. Ich fühlte mich nur noch einigermaßen wohl auf meiner Arbeit, weil ich immerhin dort liebe soziale Kontakte hatte. Manchmal fuhr ich in meiner Freizeit einfach dahin und besuchte die Kollegen. So fand ich etwas Ablenkung.

Diese ganz lange Zeit der Ablösung von meinem Partner brauchte ich anscheinend um mich vorzubereiten.
Auf ein Leben ohne ihn. Auf ein neues Leben.
Um den Absprung zu schaffen.

Als ich ihn endlich verließ und mir eine eigene Wohnung in meiner Heimatstadt nahm, wog ich nur noch knapp vierundfünfzig Kilogramm bei einer Größe von einem Meter und dreiundsiebzig.
Ich war finanziell fast ruiniert, emotional ein Wrack und beruflich ein Versager. Und ich hatte meinen zukünftigen Ehemann kennengelernt!

Der Umgang mit diversen Beziehungsmodellen

Jeder Mensch sehnt sich danach, eine intakte Beziehung zu haben.
Das liegt in der Natur des Menschen, und das betrifft selbstverständlich auch uns hochfunktionierenden Autisten.
Allerdings fällt es uns oft sehr viel schwerer, eine solche zu halten oder überhaupt eine Beziehung einzugehen, als es bei nicht autistischen Menschen der Fall ist. Wir haben eine bestimmte Vorstellung dessen, wie eine Partnerschaft auszusehen hat und stolpern immer wieder neu über unsere Probleme in der zwischenmenschlichen Interaktion.
Wir sorgen ungewollt für Streitigkeiten oder Missverständnisse und ziehen uns uns irgendwann aus entsprechenden Situationen heraus.
Aber Missmut und Probleme entstehen auch durch das Nichtverständnis der Nts (= neurotypischen Menschen) in der Partnerschaft und anderen Beziehungen.

Es liegt also nicht zwingend an uns Autisten alleine.
Dass wir auch Stärken haben, neben unseren Schwächen, wird von außen kaum beachtet, und selbst wir müssen und sollten eines Tages erkennen, dass es sich lohnt, sich auf die Suche nach unseren eigenen Stärken zu machen und diese vor allem auch anzuerkennen.

Im Leben geht man die unterschiedlichsten Beziehungen ein, und in jeder Art von einer solchen gibt es selbstverständlich auch unterschiedliche Fallen in die wir tappen.
Die wichtigste Beziehung haben wir zu unseren Eltern, Geschwistern, Anverwandten, Partnern, Kollegen und Freunden. Ich selber kann erst rückblickend Erklärungen finden für Situationen, die unschön waren.
Für mich selber, aber auch für die Seite des Anderen.
Ich werde in den folgenden Unterpunkten die oben genannten Konstellationen ansprechen und hoffentlich einigermaßen sichtbar machen können, was uns von nicht autistischen Menschen unterscheidet. Dabei möchte ich unsere Denkweise und Empfindungen zum Ausdruck bringen, aber ebenso auch die Fehler aufzeigen, die ein nicht autistischer Mensch – manchmal gedankenlos und unwissend – uns gegenüber macht und sich am Ende wundert, warum man so verzweifelt reagiert.

Die Beziehung zu den Eltern

Eltern sind das Wichtigste, was ein Kind haben kann.
Im Idealfall kommt man gut miteinander zurecht.
Eltern lieben ihr Kind, verstehen es, beschützen es und motivieren es. Machen das Kind stark für das Leben da draußen und lassen jede Wertung außen vor. Kinder schauen zu ihren Eltern auf

und möchten ihnen zuliebe alles richtig machen. Kinder mit dem Asperger Syndrom möchten das alles selbstverständlich auch.
Da ich weder als Kind, noch als Jugendliche oder als junge erwachsene Frau eine Diagnose hatte, war es besonders als Kind oft sehr schwer für mich.
Zu Beginn meines Buches erwähnte ich meine Herkunftsfamilie und beschrieb meine Kindheit bereits ein Stück weit.

Wir waren eine völlig normale Familie, zumindest erschien es mir so. Allerdings war meine Mutter nicht sonderlich integriert in der Nachbarschaft, weil sie voll berufstätig war und wir somit zu den Schlüsselkindern gehörten.
Kinder, die immer um ihren Hals ein Band mit dem Haustürschlüssel mit sich trugen, um jederzeit ins Haus kommen zu können.
Die meisten Frauen in der Nachbarschaft waren Hausfrauen.
Nur vereinzelt gab es Mütter, die von Morgens bis zum Mittag gearbeitet hatten und rechtzeitig wieder daheim waren, wenn ihre Kinder aus der Schule antrotteten. Schlüsselkinder wurden bemitleidet und die Mutter an den Pranger gestellt. Dabei mussten meine Eltern beide Geld verdienen, denn es galt, das Haus abzubezahlen.

Das Haus war der ganze Stolz meiner Eltern.
Ihre Kindheit war bescheiden gewesen, und besonders meine Mutter hatte kein einfaches Leben gehabt. Meine Eltern wollten sich und auch uns Kindern etwas bieten können. Das Haus stand als Entschädigung für alles Entbehren vorher in ihrem Leben. Es war ein Zeichen des Wohlstandes, des geschafft Habens.
Es war, und ist immer noch, der ganze Stolz meiner Eltern. Wie für viele andere Menschen auch, die einer Kriegsgeneration angehören.
Um sich dieses Haus leisten zu können, waren meine Eltern darauf angewiesen, dass meine Mutter in Vollzeit arbeiten ging. Es war sicherlich nicht leicht für sie, den Großteil ihrer Zeit auf der Arbeit zu verbringen statt mit uns Kindern.

Sie verzichtete auf persönliche Wünsche und Träume und arbeitete hart in Form von Überstunden, Nachtdiensten und Bereitschaftsdiensten. Dass ICH dabei jedoch aus dem Blickfeld meiner Eltern geriet, kam ihnen zu dieser Zeit kaum in den Sinn.

Ich war, wie bereits erwähnt, das ältere Kind meiner Eltern.
Zu Beginn erschien ich wohl nur wenig auffällig.
Zumindest behaupten dies meine Eltern bis heute so. Auffällig wurde ich erst, als meine Eltern erkannten, dass ich in der Grundschule bereits Probleme mit dem Lernen hatte. Und dass es auf der weiterführenden Schule nicht besser sondern immer schlimmer wurde. Da beide sehr gebildet sind, war es für sie einfach unverständlich, warum ihr Kind scheinbar so dumm sein musste.
Um dem ganzen Abhilfe zu schaffen und weil sie sich auch sorgten, suchten sie den Weg über die Nachhilfe, um mir zu helfen. Für mich waren diese Nachhilfestunden die reinste Qual.

Ich erinnere mich an einen Studenten, der mir Mathematik nahebringen sollte. Per Fahrrad oder zu Fuß ging ich ein Mal in der Woche zu ihm und saß jedes Mal angeekelt neben ihm. Nicht in der Lage, mich konzentrieren zu können. Denn er aß grundsätzlich Birnen während der Nachhilfestunde. Birnen mochte ich überhaupt nicht, und der Geruch widerte mich an. Zu Hause traute ich mich nicht, etwas zu sagen, denn schließlich bezahlten meine Eltern ihn dafür. Es wäre mir sehr unangenehm gewesen, meine Eltern zu enttäuschen. Ich bekam allerdings ein Jahr später jemanden anderes als Nachhilfelehrer, weil der Birnenesser keine Zeit mehr hatte oder wegzog.
Dieser neue „Lehrer" war ebenfalls ein Student und lebte in unserer Reihenhaussiedlung. Abermals musste ich nun ein Mal in der Woche Nachmittags für eine Stunde zu ihm gehen und konnte mich auch dort kaum konzentrieren.
Der Grund war diesmal, dass ich gedanklich mehr damit beschäftigt war, sein Zimmer zu analysieren. Es war die identische Bauweise meines Zimmers.

Ich überlegte also hin und her, wie ich mein Zimmer, welches ich mir mit meiner Schwester teilte, einrichten könnte. Innenraumgestaltung lag mir damals auf jeden Fall schon viel mehr als die Mathematik. Nachdem meine Eltern festgestellt hatten, dass auch diese Nachhilfe mir nicht weiterhalf, waren sie sehr enttäuscht.
Zu diesem Zeitpunkt kam es auch zum Wechsel auf die Realschule.

Meine Mutter war durch ihre Arbeit oft sehr gestresst und auch überfordert. Sie reagierte für mich ständig unberechenbar.
Wenn sie Dienst hatte, liefen meine Tage nach der Schule recht strukturiert ab, nach meinem eigenen Plan. Denn ich war für mich selber alleine zuständig. Hatte sie jedoch frei, war dies für mich oft genug eine Katastrophe. Sie stiftete regelmäßig Unruhe in mein SEIN und warf meine Pläne grundsätzlich über den Haufen.
Ich musste im Haushalt mithelfen, mit ihr zusammen und mit meiner Schwester einkaufen gehen, Arzttermine wahrnehmen, Getränke aus dem Keller holen oder die Kartoffeln. Ich musste mich ganz einfach ihrem Rhythmus anpassen. Hausaufgaben machen, Lernen nicht vergessen und mit den anderen Kindern draußen spielen gehen.
Ich wurde mit all ihren Plänen ständig aus meinem eigenen Konzept gerissen und reagierte oft mürrisch deshalb.

Besonders die freien Wochenenden von ihr konnten mich in einen wahren Overload stürzen.
Denn an diesen Tagen verfiel meine Mutter dem Putzwahn. Das Haus wurde grundsätzlich am Wochenende geputzt. Und zwar von oben nach unten, bis in den Keller hinein.
Dies bedeutete, dass nichts mehr einfach stehen blieb wie es stand. Es wurde alles aus den Zimmern geräumt, Staub gewischt, gesaugt und feucht aufgewischt. Danach musste alles wieder eingeräumt werden. Die Wäsche wurde natürlich auch an den Wochenenden gemacht. Es herrschte ein absolutes Chaos, in dem nur meine Mutter den Überblick behielt. Ich selber war grundsätzlich mit allem heillos überfordert.

Richtig schlimm war es für mich, wenn meine Mutter mir die Ansage machte, meine Schwester und ich sollten unser Zimmer aufräumen und sauber machen. Und zwar nicht nur von außen, sondern auch die Schränke von innen. Dies bedeutete, wir hatten die Schränke alle auszuräumen, durch zu wischen und wieder einzuräumen.
Oft genug hieß es daneben auch, dass ich meine Sachen aus den Schreibtischschubläden aussortieren sollte. Das, was ich nicht mehr bräuchte, sollte in den Müll wandern. Wollte ich dies nicht, nahm sie meine Schubläden und kippte sie einfach auf den Boden aus.
Diese Aktionen brachten mich regelmäßig zum Ausflippen.
Ich schrie herum, weinte und beschimpfte sie wüst. Sie schrie zurück und schimpfte schrecklich laut herum. Ich verstand nicht, warum sie von mir solche Dinge verlangte.
Es waren MEINE Schubläden, MEINE Sachen, MEIN alles was ich brauchte.
Leider kannte meine Mutter keine Gnade und griff sich selber den Müllbeutel. Sie entfernte die, ihrer Meinung, nach unnützen Dinge, während ich weinend auf dem Bett saß und hilflos zusehen musste.
Es gab oft Gerangel wenn ich ein Teil wieder haben wollte.
Sie verstand einfach nicht, dass sie meine persönlichen Grenzen überschritt. Diese Dinge brauchte ich. Sie waren wichtig für mich.
Es waren besondere Dinge für mich. Egal, ob es ein kaputtes Lineal war, ein kleines Metallteil, ein halber Radiergummi, eine bunte Murmel oder ein zersplitterter Stift. Irgendetwas hatten diese Dinge an sich, die für mich wichtig waren. Und wenn es nur die zersplitterte Stelle des Stiftes war, denn diese konnte schön oder witzig ausschauen.
Meine Mutter selber wollte jedoch ihren Plan des Saubermachens durchsetzen und verlor darüber einfach alles Verständnis.
Ich weinte, sie schimpfte. Ich weinte noch mehr, sie schimpfte auch noch mehr und warf am Ende den Müllbeutel in die Mülltonne.
Ich erinnere mich an die Tage danach, wenn sie das Gespräch mit mir suchte und wissen wollte, wieso ich denn so ausgeflippt sei.
Das war für mich jedes Mal unerträglich.

Denn wieso interessierte sie mein Geheule jetzt, wenn ich ihr doch am Tag des Geschehens bereits alles gesagt hatte?
Da ich nur schwieg, meinte sie zu mir, dass sie darüber nachdenken würde, mit mir zu einem Psychiater gehen zu wollen. Denn es würde doch irgend etwas nicht stimmen mit mir.
Getan hatte sie dies jedoch nie. Vielleicht ist das heute ein Glück.
Wer weiß, welche seltsamen Diagnosen ich ansonsten erhalten hätte. Schließlich gab es das Asperger Syndrom als Diagnose so gut wie gar nicht in diesen Jahren.

Ich weiß heute von einigen Erwachsenen, dass sie als Kind oder Jugendliche falsche Diagnosen erhielten. Und im Laufe ihrer späteren Jahre kamen dann leider als Komorbitäten noch echte Depressionen hinzu. Bis sie schließlich als Erwachsene die Diagnose des Asperger Autismus erhielten, galten sie in den meisten Fällen als Soziopathen oder auch Borderliner.
Hier bin ich meiner Mutter dankbar dafür, dass sie immerzu vergessen hatte, mich zu einem Psychiater zu schleppen. Somit habe ich nicht im Nachhinein damit zu kämpfen, darüber nachzudenken, was an mir nun autistisch ist oder einer anderen Sache entspringen könnte.

Mein Vater war kein typischer Vater, mit dem man spielen oder herum toben konnte. Kam er pünktlich wie jeden Abend zur selben Uhrzeit nach Hause, folgte er seinem Ritual und rückte im ganzen Haus die Gegenstände zurecht, die über den Tag von uns durch den Gebrauch oder durch das Anschauen der Dinge verstellt wurden. Erst wenn alles wieder an Ort und Stelle stand, konnten wir mit dem Abendessen beginnen.
Am Wochenende ging es Samstags einkaufen und zog sich danach entweder in sein Atelier zurück zu seinen Briefmarken, oder er war im kleinen Garten zu finden. Manchmal putzte er auch die Autos von sich und meiner Mutter.

Für ihn war es wichtig, dass wir Kinder ruhig waren und alles so lief, wie er es gewöhnt war. Allerdings konnte er wunderbar von seiner Kindheit und seiner Jugend erzählen. Diese Stunden mochte ich sehr. Auch politisch und historisch war er, wie meine Mutter auch, extrem bewandert und erzählte uns viel darüber.

Wenn wir zu meinen Großeltern nach Duisburg fuhren, ließ er es sich oft nicht nehmen, mit uns die Wohnstätten seiner Kinder – und Jugendzeit abzufahren. So fuhren wir im Schritttempo kreuz und quer durch Wannheim, und er erzählte von früher, wer wo gewohnt hatte und mit wem er wo als Kind immer gespielt hatte. Da die Familie insgesamt doch recht groß war, hatte er natürlich immer viel zu berichten. Ich stellte immer die selben Fragen, und mein Vater gab mir immer die selben Antworten.

Ab und zu gingen wir zusammen mit meiner Schwester im Sommer Brombeeren pflücken und kamen selten unter zwei Eimern voll damit zurück. Meine Mutter kochte daraus Marmelade. Und manchmal fuhr er mit uns auch zu einem Sportplatz in Duisburg, wo er unsere Ausdauer trainierte.

Er ließ und Runde um Runde um den Platz laufen, Liegestützen machen und spielte etwas Fußball mit uns. Tatsächlich konnte ich zu dieser Zeit feststellen, dass ich im Schulsport sehr viel mehr Power besaß als vorher und danach, als diese Touren aufhörten.

Während meine Mutter oft in Sorge um uns Kinder war und auch viel Druck in schulischer Natur ausübte, war mein Vater das genaue Gegenteil. Er war gleichbleibend zuverlässig und ruhig, aber eben auch nicht sehr interessiert. Zumindest hatte ich als Kind diesen Eindruck. Selbstverständlich gab es auch viele schöne Tage, an denen wir alle zusammen Spaß hatten und viel gelacht wurde.

Ich hatte keine gewalttätigen Eltern oder solche, die viel Alkohol konsumierten. Anders, als es bei ein paar Kindern in unserer Siedlung war.

Meine Mutter erlebte ich natürlich auch als sehr lustige und lebensfröhliche Frau. Wenn sie nicht gerade viel Stress auf ihrer Arbeit hatte oder wenn sie Urlaub hatte. Sie zeigte uns ihre Zuneigung, in dem sie viel sang und Witze erzählte, die niemand verstand. Mein Vater dagegen zeigte uns seine Zuneigung, in dem er jeden Samstag meiner Mutter Blumen vom Einkaufen mitbrachte. Für uns Kinder hatte er besondere Zeitschriften, Lieblingsschokoladen, Hefte oder Taschenbücher dabei. Umarmungen oder gar einen Kuss gab es von seiner Seite aus niemals.

Dass dies eher ungewöhnlich sein könnte, darüber dachte ich nicht nach. Für mich war alles genau so richtig wie es war. Manchmal zeichnete er uns lustige Bildchen und wir lachten uns kringelig darüber. Manchmal reimte er aus dem Stehgreif, und wir reimten mit ihm zusammen weiter.

Das alles sind so Momente mit meinen Eltern, die tief in meinem Kopf und meinem Herzen verankert sind. Von meiner Mutter habe ich die Liebe zu Rosen und Blumen insgesamt geerbt, sowie meine Liebe zu schönen Gärten. Heute noch bekomme ich von meinen Eltern Blumensamen oder Pflanzen geschenkt, um meine Gärten damit zu verschönern.

Was mich dennoch früher sehr belastet hatte, war das Unverständnis meiner Person gegenüber. Und die damit einhergehenden Beschimpfungen, wenn ich etwas nicht so schnell verstand oder machte, wie sie es sich gedacht hatten. Nicht selten wurde ich betitelt als *dumm, arrogant, ignorant, faul ...*

Ich verstand niemals, warum man so mit mir sprach.

Oft wurde mir an den Kopf geworfen:

„Wieso kannst du das nicht?" *„Kannst du nicht einfach mal ..?"*, *„ ... die anderen Kinder machen doch auch ..."*, *„Wieso weißt du nicht ..?"* und: *„Wie kann man nur so intelligent aber gleichzeitig so dumm sein?"*

Das klingt sehr hat, aber es entsprang einfach nur einer fassungslosen Unsicherheit meiner Eltern. Ich muss auf sie wirklich faul und arrogant gewirkt haben.

Als ich sechzehn Jahre alt war, hatte ich wieder einmal Streit mit meiner Mutter und sie sprach bereits seit zwei Tagen nicht mehr mit mir.
Sie ignorierte mich komplett. So, als existierte ich gar nicht.
Dies konnte sie gut durchziehen, und für mich war es seelische Höllenqual. An diesem Nachmittag wollte ich entweder für immer weggehen oder sterben. Ich hatte in diesem Alter sehr oft den Gedanken an den Tod.
Für mich war das Leben oft genug eine Qual. Aber ich hatte große Angst vor dem Schritt, einen Suizid zu begehen, weil ich Angst vor Schmerzen hatte.
An diesem Nachmittag entschloss ich mich dazu, mein Elternhaus zu verlassen. Ich lief ohne Geld und Lebensmittel einfach los, quer durch den Wald, bis hin nach Düsseldorf, weinte vor mir her und war völlig verzweifelt. Warum verstanden meine Eltern mich nicht?
Was war so falsch an mir, dass ich immerzu andere gegen mich aufbrachte? Was kann ich tun, damit ich nicht immerzu Ärger bekam?
Wie kann ich meine Eltern dazu bringen, Verständnis für mich zu haben und sich nicht immer beleidigt oder angegriffen zu fühlen?

Abends gegen achtzehn Uhr, hielt ich es in der Kälte nicht mehr aus und lief den ganzen Weg wieder zurück. Von einem Imbiss aus rief ich meinen Vater auf der Arbeit an. Er sagte mir, ich solle direkt nach Hause gehen, denn meine Mutter wollte die Polizei anrufen.
Zu Hause angekommen, erwartete mich meine Mutter bereits weil mein Vater sie informiert hatte. Das Ende vom Lied war, dass sie nun erst recht einen Grund zu haben schien, sauer auf mich zu sein.
Nichts als Kummer bereitete ich ihr. Ich wusste von dem Moment an, dass all mein Bemühen nichts brachte. Niemand würde mich jemals so verstehen wie ich es brauchte.

Das war der Moment, wo mein ICH sich vollständig zurück zog und ich damit begann, meine Maske nicht mehr nur draußen aufzusetzen, sondern auch bei uns daheim.
Meine Identität war somit über all die Jahre vollkommen verschwunden und ich lernte den Mund zu halten. Ich schaute mich genauer um und begann das Kopieren anderer Mädchen. Wie sie liefen, wie sie lachten, wie sie sich gaben.
Lachen, auch wenn mir nicht danach war. Cool tun, auch wenn ich alles andere als das war.

Mein größtes Vorbild war meine Schwester.
Sie lebte das Leben, was ich nicht hatte. Sie war überall schnell beliebt, hatte viele Freunde, wusste immer, was gerade angesagt war und kannte immer den neusten Witz. Je älter sie wurde, umso mehr schaute ich mir von ihr ab. Und obwohl sie ebenso schlecht in der Schule war, waren meine Eltern bei ihr in vielen Dingen sehr viel nachsichtiger. Sie hatte einen eigenen Charme und konnte die Menschen gut umgarnen. Sie brachte alle zum Lachen und das war etwas, was ich überhaupt nicht konnte. Gelacht hat man bei mir über meine Tritte in die Fettnäpfchen, über mein nicht verstehen der Hälfte aller Witze. Oder einfach auch nur darüber, wie ich mal wieder über meine Füße stolperte.
Während meine Schwester immer aus vollem Herzen laut lachen konnte, so richtig tief aus dem Bauch und aus der ganzen Seele heraus, dass habe ich bis heute nicht in mir.
Ich vermisse es sehr oft.
Ich lache kurz, lächele meistens nur, aber das richtig befreite Lachen muss ich irgendwann einmal in meiner Kindheit verloren haben.
Dass alles gar nicht so einfach für meine Schwester war, so zu sein wie sie war, das erfuhr ich erst sehr viele Jahre später. Nämlich als wir Erwachsen waren. Sie gestand mir, dass auch sie ihr Leben lang geschauspielert hat. Noch mehr als ich es je konnte. Bis heute.
Mit all dem Wissen nun darüber, staune ich, wie sehr meine Schwester es geschafft hat sich anzupassen an unsere nicht autistische Welt.

Aber genau wie ich trägt sie die Konsequenzen: schwere depressive Episoden, Erschöpfungen, Rückzüge, hohe Empfindlichkeiten allem gegenüber.

Ich hatte bis vor einigen Jahren ein sehr ambivalentes Verhältnis zu meiner Mutter. Mein Problem war immer gewesen, dass ich sie nie einzuschätzen wusste. Ihre Launen konnten so schnell wechseln von gut auf schlecht, dass einem davon schwindelig werden konnte. Auch ihre Spontanität war mir manches Mal ein Graus. Von jetzt auf gleich fiel ihr noch etwas ein und wir mussten mitmachen.
Sie wusste meist alles besser und sie mischte sich gerne ein.
Sie behauptete, dass sie als Bulgarin eben so sei wie die Italiener oder Spanier auch: extrem mit der Familie verbunden, und die Mütter haben in diesen Ländern das Sagen, weil sie die Familien zusammen halten. Das mag ja alles auch so sein, aber mich machte dies jedoch oft wütend, weil meine Grenzen oft überschritten wurden.

Ich war als Erwachsene auch noch sehr in diesem Muster gefangen. Die Unsicherheit, nicht doch zu blöd zum Leben zu sein, herrschte in mir vor. Oft musste ich mir anhören, dass ich egoistisch sei und keinerlei Gefühle habe. Ich würde mich nicht interessieren und von mir strahle eine Distanz aus. Ich zog mich immer mehr zurück, weil mir diese Vorwürfe sehr weh taten. Ich empfand mich als guter Mensch. Hilfsbereit, aufmerksam und nett. Erst durch meinen Mann und meine Kinder sowie meiner Diagnose habe ich ein wenig zu mir gefunden und konnte lernen, mich von den Erwartungen anderer Menschen ein Stück weit zu distanzieren.

Heute weiß ich, dass mein Asperger Autismus viel früher hätte erkannt werden müssen. Das hätte meinen Eltern und mir vieles erleichtert. Sie hätten in mir nicht so oft das unbeugsame, faule, dumme oder freche Kind gesehen. Und auch nicht die unfähige, uninteressierte und arrogante Frau.

Sondern sie hätten verstehen können, warum ich ausflippte bei Veränderungen, Chaos und Stress. Oder warum ich oft den Rückzug suchte und noch immer suche – nicht aus Bockigkeit, sondern um mich wieder zu sammeln. Sie hätten mich verstehen können, wenn ich selber mich verstanden hätte.
Und ich hätte sehr viel nachsichtiger mit ihnen sein können.
Heute, mit dem Wissen um mein Sein, läuft es sehr gut. Meine Eltern und ich agieren auf Augenhöhe, sie hören sich an was ich zu sagen habe und ich verliere nicht mehr so schnell die Geduld. Ich werde endlich respektiert.
Das bedeutet mir sehr viel.

Liebe ich meine Eltern?
Ja!

Aber ich kann es ihnen nicht so zeigen, wie meine Mutter es sehr gerne hätte.
Dieses in den Arm nehmen, die Hand halten oder so Gespräche von Mutter zur Tochter fallen mir unendlich schwer. Mein Vater geht neutraler damit um, weil er selber so ist wie ich. Ich zeige es ihnen, indem ich da bin für sie wenn sie meine Hilfe brauchen, in dem ich zuhöre und Lösungen suche.
Ich lade sie öfters einfach so auf einen Kaffee bei uns ein. Ich möchte, dass sie sich willkommen fühlen bei mir und meiner Familie.
Weil auch sie weiterhin meine Familie sind.
Sie gehören zu uns.
Der Gedanke daran, dass sie eines Tages nicht mehr da sein werden, ist jetzt schon für mich äußerst brutal. Ich kann mich damit gar nicht abfinden und vermeide das Thema Sterben bei ihnen so gut es geht. Ich weiß jetzt schon, dass dieser Moment mein Leben komplett aus der Bahn werfen wird und ich habe enorme Angst davor.
Weil ich dann niemandes Kind mehr sein werde!

Die Beziehung zu meiner Schwester

Meine Schwester ist dreieinhalb Jahre jünger als ich und bis heute meine engste Bezugsperson für mich. Als Kind hatte ich mich sehr viel um sie gekümmert. Dies entstand schon alleine aus der Notwendigkeit der Berufstätigkeit meiner Eltern heraus.
Ich empfand meine Schwester selten als Last. Sie war meine beste Freundin für mich. Jemand, der mich so nahm wie ich war und bin. Jemand, der mich nie hinterfragte.
Wir verbrachten viel Zeit miteinander, weil wir besonders zu den Spätdiensten meiner Mutter die Nachmittage alleine zu Hause verbrachten.

War sie krank, kümmerte ich mich um sie, kochte Tee und gab ihr Zwieback zu essen. Ansonsten brachte ich ihr das Alphabet bei, das Lesen, Schreiben und die Zahlen. Wir spielten Schule mit unserer Tafel und ich überlegte mir natürlich auch Strafarbeiten wenn sie mir nicht gehorchte.
Gespielt haben wir natürlich auch, jedoch weniger mit Puppen. Am liebsten zogen wir die schönen Kleider meiner Mutter an, ihre Pumps und Hüte, und dann stolzierten wir so verkleidet durch unser Haus. Gerne auch immerzu Treppauf und Treppab, weil die Pumps auf den Holzstufen so schön klapperten.
Ich malte leidenschaftlich gerne und zeigte meiner Schwester ein paar Tricks, um ihre Bilder lebendiger wirken zu lassen. Wir hörten sehr viel Hörspielkassetten und Langspielplatten und bauten in unserem Zimmer Höhlen. Wir übten Kopf – und Handstand an der Zimmertür, und wer am längsten so bleiben konnte, hatte gewonnen.
Zwar hatten wir auch Barbiepuppen und spielten ab und zu mit ihnen, aber irgendwann schnitten wir ihnen die Haare ab und verunstalteten die Gesichter. Die Puppen, die heile blieben, verschenkten meine Eltern später an unsere jüngeren Cousinen.
Was wir allerdings sehr oft taten war: mit den Fingern als Puppenersatz spielen.

Zeigefinger und Mittelfinger bildeten die Beine, die restlichen Finger die Arme. Jede von uns hatte demnach zwei Figuren. Mit diesen erdachten wir uns Geschichten und spielten Gegebenheiten, auch aus unserem Alltag, nach.

Meine Schwester war der Clown in unserer Familie. Sie hatte immer Witze parat und erzählte sie beim gemeinsamen Abendessen. Sie konnte Otto Waalkes herrlich imitieren und brachte damit meine Eltern und mich zum Lachen. Sie hatte den Schalk regelrecht im Nacken sitzen. Ich dagegen war die ruhigere Person und hockte immer in meiner Position der Beobachterin. Ab und zu versuchte ich mich auch im Witze erzählen. Dabei verhaspelte ich mich aber grundsätzlich oder erzählte die Pointe da, wo sie nicht hingehörte und merkte insgeheim, dass niemand darüber lachen konnte. Und schämte mich still.

Je älter sie wurde, umso mehr wurde sie mein Vorbild. Von ihr schaute ich mir ab, wie man mit anderen sprach, wie man Kontakte aufnahm und wie man lebte. Sie lehrte mich das Leben außerhalb wahrzunehmen, aber sie war auch meine größte Herausforderung. Ich wollte so sein wie sie. Aber ich wusste immer, dass dies nicht machbar war. Es gab Momente des Hasses in mir auf sie und ihre, von mir angenommene, Leichtigkeit., die ich sie spüren ließ. Ich hatte Phasen, wo ich gegen alles war was sie sagte, meinte oder tat. Wo ich sie ohne Grund ärgerte und zum Weinen brachte.
Man kann es Eifersucht nennen. Aber ich würde eher sagen, es war der Ausdruck tiefster Verzweiflung in mir. Trauer über meine eigene Unfähigkeit und Durchsichtigkeit.

Wenn ich jetzt so darüber nachdenke, tut es mir aus tiefster Seele aufrichtig leid. Dennoch haben wir es geschafft, unser extrem enges Band zwischen uns zu behalten, welches auch nicht gekappt werden kann. Streit gibt es schon lange keinen mehr unter uns. Ich habe verstanden, dass auch ich wertvoll bin – so wie ich bin. Ebenso, wie sie selber wertvoll ist – wie sie es ist.

Wir sind uns beide sehr ähnlich und in manchen Dingen sind wir unterschiedlich. Wir haben beide Familien und sind glücklich. Ich unterstütze sie, wenn sie mich braucht, und umgekehrt gilt das selbe. Auch, wenn ich mich weniger an andere Menschen insgesamt wende wenn ich Probleme habe. Ich versuche fast immer, alles im Alleingang für mich zu lösen.
Nach wie vor ist sie meine engste Vertraute.
Sie nimmt mich weiterhin wie ich bin und sagt:

„Ich habe dich immer so erlebt wie du bist und weiß genau, wie ich mit dir umgehen muss. Ich kenne dich doch gar nicht anders!"

Dieses Wissen gibt mir hundert Prozent Sicherheit.

Allerdings gab es eine sehr schwere Zeit zwischen uns, als meine Schwester Depressionen bekam und niemand etwas davon ahnte. Ich schon gar nicht, denn ich erkenne leider vieles an Gefühlslagen anderer nicht auf den ersten Blick. Ich erkannte nur, dass die Beziehung zwischen ihr und ihrem Mann scheinbar abgekühlter schien. Als ich eines Tages einen Anruf von meinem Schwager erhielt und er sich mir mitteilte, war ich äußerst schockiert.
Dass sie depressiv war, hat mich enorm belastet.
Leider habe ich völlig falsch reagiert, obwohl ich nur helfen wollte. Ich hatte unwissentlich die grenzen meiner Schwester überschritten und damit für einen großen Streit unter uns gesorgt. Ich war sehr gekränkt über ihre Vorhaltungen mir gegenüber, weil ich nicht verstand, warum sie mich nicht helfen lassen wollte.
Dass ich alles hätte anders angehen müssen, ist mir jetzt erst klar. Ich hätte zu ihr fahren müssen und nicht eine ewig lange Email schreiben sollen, zugepackt mit tausend und eins Ratschlägen. Ich hätte das Gespräch mit ihr suchen sollen und einige Dinge nicht so direkt formulieren dürfen sondern mit Bedacht. Aber dies entspricht leider auch nicht meiner Natur. Zum Glück hat sich alles wieder gefunden.

Und zumindest eine Sache nahm sie sich zu Herzen, zu der ich ihr geraten hatte:

Sich Hilfe zu suchen!

Meine Schwester behauptet über mich, ich sei immer ihr Anker gewesen. Ihre Vertrauensperson, ihre Stütze im Leben. Auf mich konnte sie sich verlassen. So sei es auch heute noch. Ich wüsste immer noch einen allerletzten Ausweg heraus aus einer Misere, weil ich nicht nur rede, sondern auch direkt mache. Das finde ich lustig, denn ich selber sehe mich so gar nicht. Aber hier hat jede für sich ihre eigene Wahrnehmung.

Liebe ich meine Schwester?
Ja!

Aber auch hier gilt es ähnlich wie bei meinen Eltern:
Ich kann sie nicht ständig umarmen oder drücken.
Zur Begrüßung drücken wir uns manchmal, aber nicht immer. Wir tauschen Bücher untereinander aus oder die eine bringt der anderen etwas Schönes mit. Wir verbringen Zeit miteinander, zusammen mit unseren Familien und können auch gut miteinander schweigen.

Sie hat nach wie vor einen Freundeskreis. Zwar nicht mehr so groß wie früher, aber immerhin langfristig und stabil. Ab und zu berichtet sie mir von ihren Verabredungen und wir lachen über lustige Geschichten. Dennoch ist es mir unbegreiflich, wie man sich immer wieder in so einer Gruppe miteinander verabreden kann.
Meine Schwester nahm mich zweimal mit zu solchen Treffen.
Es war sehr interessant aber auch sehr anstrengend für mich. Zu viel durcheinander Gerede, zu viele verschiedene Themen, zu viele unterschiedliche Persönlichkeiten. Jeder spricht mal mit dieser oder jener Person, und ich bin kaum in der Lage, zu folgen. Dazu die Geräuschkulisse in den Lokalen.

Also saß ich am Ende des zweiten Treffens einfach nur noch da und habe alles beobachtet. Wie sie es schaffen, innerhalb von Sekunden die Themen zu wechseln, sich innerhalb von Millisekunden auf einen neuen Gesprächspartner und wieder zurück einzulassen, dabei konzentriert zu bleiben und nebenbei noch Getränke nachzubestellen. Daneben zu essen und gleichzeitig nicht zu kleckern.

Sehr interessant für mich zu erleben, immer wieder neu, wie einfach die Welt der nicht autistischen Menschen in manchen Bereichen zu sein scheint, aber für uns einfach nicht in der Art möglich. Es ist so anstrengend, dass mir noch Tage danach der Kopf brummt und ich Nachts kaum in den Schlaf finde, weil ich alle Eindrücke immer wieder neu verarbeiten muss.

Freundschaften

Freundschaften sind wichtig.
Wer möchte denn sein ganzes Leben lang alleine und womöglich einsam sein?
Für uns Asperger Autisten gilt das selbe.
Wobei ich unterscheide zwischen Alleinsein und Einsamkeit. Das Alleinsein ist weniger ein Problem, denn wir können sehr lange und sehr gut alleine sein. Es gibt immer irgend etwas, womit wir beschäftigt sind. Ich bin gerne alleine. Nicht immer und nicht sehr dauerhaft, aber doch hin und wieder. Ich genieße diese Stille um mich herum, püddel hier herum und dort herum, krame und schaue und mache. Und auch wenn ich gerade nichts Besonderes mache, gefällt mir das Alleinsein außerordentlich gut.
Einsamkeit dagegen ist schrecklich. Ich glaube, ich brauche darüber auch nicht viel schreiben, denn auch in der nicht autistischen Welt gibt es genügend Menschen, die einsam sind.

Dieses Gefühl ist so traurig, wenn niemand da ist, mit dem man sich austauschen kann.

Freundschaften sind also neben den anderen Beziehungen wichtig. Das gilt auch für uns Autisten. Auch wir brauchen Freunde und möchten uns austauschen können. Viele von uns haben Freundschaften. Auch im Erwachsenenalter. Andere dagegen nicht. Was das Problem daran ist: wir wissen nicht intuitiv, wie Freundschaft funktioniert und wir wissen meistens nicht, wie man Freundschaften beginnt und Kontakte knüpft.
Ich persönlich habe daneben bis vor zwei Jahren nicht zwischen Bekanntschaften und Freundschaften unterscheiden können. Für mich gab es nur das Wort Freundschaft.
Wo fängt eine Freundschaft an?
Wann wird aus der Bekanntschaft eine Freundschaft, und was macht eine reine Bekanntschaft aus?

Wie ich zu Beginn des Buches bereits berichtete, hatte ich als Kind Freundschaften im Kindergarten, in der Schule und im privaten Umfeld. Es gab eigentlich immer mal die eine oder anderer Art Freundschaften in meinem Leben.
WAS diese Freundschaften allerdings so unverständlich machten für mich, waren die Art und Weise im Verhalten meiner entsprechenden Freunde. Während der Kindergartenzeit und der früheren Schulzeit war das Thema für mich noch nicht so relevant. Entweder war jemand da zum spielen oder nicht. Im Jugendalter änderte sich alles, und die Schere zwischen mir und den anderen wurde immer größer.

Es begann mit der Mode, den Jungen, den Filmen, der Musik und den Unternehmungen. Ich trug lange Jahre das, was ich im Kleiderschrank hatte. Meistens waren es unspektakuläre Anziehsachen, ohne besondere Marke. Es sollte nur farblich zusammen passen.

Sicherlich liebäugelte auch ich hin und wieder mit einem bestimmten Turnschuh, aber das Geld meiner Eltern war nicht dazu da, teure Schuhe oder andere Dinge zum Anziehen zu kaufen, während ich noch mitten im Wachstum war. Also begnügte ich mich mit Imitaten, was allerdings zur Folge hatte, dass ich belächelt wurde und somit schon uncool war.
Erst mit etwa siebzehn Jahren achtete ich darauf, zumindest ansatzweise moderner gekleidet zu sein. Dennoch kam es oft genug vor, dass ich nur nahe dran war an dem, was gerade „in" zu sein schien.
Ich begann sogar, mir Stoffe von meinem Taschengeld zusammen zu sparen und mir selber Kleidung nähte. Eine Stoffhose im aktuellen Schnitt und aktueller Farbe, einen Rock und sogar eine Schultasche. Alles wurde mit der Hand genäht, da ich nicht mit der Nähmaschine umgehen konnte.

Filme waren ein Bereich, in dem ich damals ähnlich tickte wie die anderen. Es gab nicht so viele TV – Programme wie heute mit irrsinnig vielen Kinder – und Jugendserien. Also schaute auch ich liebend gerne „Captain Future", „Silas", „Rauchende Colts" und Serien wie „Die Waltons".
Darüber tauschte ich mich mit meinen Freunden aus.
Später kamen die privaten Sender dazu und ich liebte „Mord ist ihr Hobby" und „Columbo". Im Kino sah ich die selben Filme wie alle anderen auch. Sehr viel später blieb ich bei Dokumentarsendungen hängen, die ich bis heute mit Vorliebe schaue. Gerne Themen wie Naturkatastrophen, Flugzeuge oder Themen über fremde Kulturen.

Mein Musikgeschmack war jedoch recht früh schon ein völlig anderer als der meiner Freunde. Während meine Spielkameraden noch fröhlich Hörspielplatten oder Kinderkassetten hörten, kannte ich bereits etliche Songs von Abba und Boney M. Ich wusste mit acht Jahren bestens Bescheid über die Interpreten der fünfziger, sechziger und siebziger Jahre, weil ich oft genug die Platten meiner Eltern abspielte.

Rock'n Roll, Jazz, Boogie, Disco und auch die Schlager waren mir sehr geläufig.

In den achtziger Jahren passte ich mich dem Mainstream ebenso nicht an. Von Modern Talking wollte ich nichts wissen, auch wenn ich sie zwangsläufig im Radio hörte. Meine Klassenkameraden sprachen über die „Neue deutsche Welle" und ich war fassungslos über eine solche niveaulose Musik. Ich hörte französische Chansons, Countrymusik und die Lieder, die mir heute noch die Liebsten sind. Am liebsten sind mir nach wie vor die siebziger Jahre mit ihren Beats von „The BeeGees" oder aus den Filmen „Grease" und „Saturday night fever". Ich lächelte über die Schwärmereien der anderen für ihre Idole, denn ich selber hatte keine solche. Ich selber schwärmte nur für die Musik.

Obwohl ich über alles reichlich informiert war, sah ich keinen Sinn darin, mich mit Freunden darüber zu unterhalten. Musik hörte ich für mich als Jugendliche gerne über meinen Walkman. Ich verschwand in den Tönen, den Bässen und den Schlagzeugen, gab mich den Kompositionen hin und war glücklich.

Auch einen Austausch über die neuste Mode gab es nicht mit mir. Man trug Kleidung, und das war es auch schon für mich. Dass dies aber alles unter Freunden besprochen gehörte, war mir nicht bewusst. Ich hätte mich eher über Kunst oder Bücher mit anderen Menschen unterhalten, aber da ich niemanden mit diesen Interessen kannte, erübrigte sich dies.

Meine Schwester und ich unterhielten uns ab und zu über solche Themen, aber eher oberflächlicher. Was wir hin und wieder machten war, dass wir unsere Schuhe tauschten als wir die selbe Schuhgröße hatten.

Denn wie ich bereits sagte, legte ich Wert darauf, dass die Anziehsachen farblich zusammen passten. Und so kauften wir manchmal Schuhe, die man untereinander tauschen konnte und sparte auch noch Geld dabei.

Meine Schwester klebte, so wie alle junge Jugendlichen, ihre Schränke mit Postern von Popstars oder Schauspielern zu. Ich tat es ganz manchmal nach. Man möchte ja doch ein Stück weit dazu gehören.
Allerdings hatte ich damit nun ein großes Problem:
Ich konnte mich nicht mehr in unserem Zimmer umkleiden. So sehr fühlte ich mich beobachtet., Ich dachte, diese Gesichter schauen mich tatsächlich an, und so flüchtete ich immer ins Badezimmer, wenn ich mich umzog.
Ich vermied es, in der Nase zu bohren oder zu rülpsen. So lustig sich das auch anhören mag.
Noch heute mag ich mir in Zeitschriften nur ungern die Gesichter anschauen oder lege diese mit dem Titelblatt nach unten auf eine Ablage.
Erwähnt hatte ich dies niemals, weil es mir unangenehm war. Mir war bewusst, dass diese abgebildeten Menschen mich nicht sehen konnten, aber ich wollte einfach auf Nummer sicher gehen. Ich dachte auch nicht daran, dass dieses Empfinden und Verhalten von mir ungewöhnlich sein könnte.
Ich erfuhr erst vor ein paar Jahren, dass es vielen Autisten so ergeht.
Neulich schlug mein Mann mir vor, dass wir in unser hoffentlich bald neue Bad doch eine Trennwand zwischen Badewanne und Toilette aus einem Meeresaquarium bestehend gestalten könnten.
Ich habe ihn gefragt, ob er mich veräppeln möchte.
Denn welcher normale Mensch geht schon auf die Toilette, wenn um ihm herum neugierige Fische herum schwimmen? Er konnte nicht nachvollziehen, dass ich meine Intimsphäre dadurch völlig verlieren würde. Allerdings hat er davon, zumindest vorläufig, Abstand genommen.

Zurück zum Thema Freundschaften, wo ich gerade ein wenig abgeschweift bin.

Freundschaften ergaben sich einfach in meinem Leben, aber sie waren sehr oft schnell wieder zu Ende. Das ist etwas, was sich wie ein roter Faden durch mein Leben zog.
Kaum war ich mittendrin in einer solchen, war ich schon wieder raus aus dieser, sobald aus einer Zweiergruppe eine Dreiergruppe wurde oder noch größer. Dies geschah quasi über Nacht und ohne Ankündigung an mich. Es wurde irgendwann vergessen zu fragen, ob ich bei bestimmten Aktivitäten mitmachen wollte, und ich erfuhr erst im Nachhinein von diesen Verabredungen. So befand ich mich schnell in der Defensive und vermied die Kontakte aus Unsicherheit und Angst vor der Erklärung, warum man mich nicht mitgenommen oder gefragt habe.
Und so verliefen diese Freundschaften schnell im Sande und ich war alleine.
Selbst als erwachsen Frau passierten mir solche Sachen noch oft genug. Eigentlich dachte ich, ich sei eine gestandene Frau, in einer festen Beziehung, mit Beruf und allem drum und dran. Und dennoch ergab es sich immer wieder neu, dass Kontakte plötzlich abgebrochen wurden, ohne dass ich vorher eventuelle Signale mitbekommen hatte. Und ohne Erklärung für mich.

Die letzten Ereignisse liegen noch nicht ganz so lange zurück.
Ich denke ab und zu darüber nach, was ich wann nicht mitbekommen haben könnte.
Als meine ältere Tochter knapp ein Jahr alt war, besuchte ich mit ihr die Krabbelgruppe. Denn das sollte ja als gute Mutter Pflicht sein und dazu gehören. Man bringt dem Kind somit schließlich Sozialkontakte näher. In dieser Gruppe fühlte ich mich phasenweise wohl, obwohl ich mich nicht zu hundert Prozent dazu gehörig fühlte. Dennoch ließ ich mir nichts anmerken und spielte diese Rolle – für mein Kind.
Ich unterhielt mich mit den Müttern über die Kinder, über Erziehungsratgeber und unsere Rolle als Mutter. Dabei hielt ich alles recht oberflächlich.

Eines Tages sprach mich eine Mutter nach der Krabbelstunde an, ob ich Interesse an privaten Verabredungen mit ihr hätte.
Ich war sehr erfreut und willigte ein.
So kam es, dass wir uns alle ein bis zwei Wochen an einem Tag privat, zusammen mit unseren Kindern, verabredeten.
Da sie bei einem Besuch bei mir zu Hause allergisch auf unsere Katzen reagierte, sprachen wir ab, dass ich immer zu ihr kommen sollte. Und weil ich ein höflicher Mensch bin, hatte ich bei jedem Treffen entweder Kuchen, Obstsalat oder Kekse dabei. Das war für mich selbstverständlich.

Wir wurden schnell sehr gute Freundinnen und ich fühlte mich wohl in ihrer Gegenwart. Eines Tages jedoch stockte sie die Besucheranzahl hoch, ohne es mit mir zu besprechen. Nun waren wir nicht mehr alleine mit den Kindern, sondern es fanden fast alle Mütter aus der Krabbelgruppe dazu noch bei ihr ein. Ich wurde sehr unsicher, denn dies war kein sicheres Terrain mehr für mich. Ich wusste nicht damit umzugehen, mit wem ich sprechen sollte und über was. Denn dies war eben nicht die Krabbelgruppe in den Räumlichkeiten der Stadt und mit Leitung der Gruppe.
Hier war eigentlich privater Bereich, der nun nicht mehr vorhanden war. Trotzdem hielt ich daran fest, da unsere Töchter sich so sehr mochten.
Es begann eine Phase, in der wir eher telefonierten als dass wir uns trafen. Scheinbar hatte sie keine Zeit mehr und sie trauerte um ihren gerade verstorbenen Vater. Ich bekam nicht mit, dass sie sich dennoch weiterhin mit drei Müttern aus der Gruppe nun regelmäßig traf und mir absagte aus Zeitgründen. Also waren die Telefonate durch mich und die Krabbelgruppe die einzige Möglichkeit, den Kontakt weiterhin halten zu können.
Allerdings passierte es des öfteren, dass mitten im Telefonat das Gespräch unterbrochen wurde. Scheinbar gab es ein Problem mit der Leitung. Versuchte ich erneut, sie anzurufen, war ein Besetztzeichen zu hören. Sie tat unschuldig und schob es auf Probleme mit der Telefongesellschaft.

Ich wusste nicht, dass sie das Gespräch nach einer Weile absichtlich unterbrach. Dies gestand sie mir jedoch an diesem einen, folgenschweren Nachmittag.

Ich vergesse niemals diesen Tag, an dem sie mich anrief und sofort mit irgendwelchen bösen Anschuldigungen über mich herfiel.
Ich war mir keiner Schuld bewusst, doch sie beschimpfte mich und warf mir unmögliche Dinge vor.
Unter anderen beklagte sie sich darüber, dass ich sie niemals gebeten hätte, die Taufpatin meiner Tochter zu werden. Sicher planten mein Mann und ich unsere Hochzeit und die Taufe des Kindes, aber wir hatten besprochen, diese Positionen wie Patentante, Patenonkel, Trauzeugen und so weiter innerhalb der Familien zu vergeben. Aus rein praktischen Gründen. Dies hatte ich ihr auch in Gesprächen mehrfach gegenüber erwähnt.
Zudem warf sie mir plötzlich vor, dass ich sie nie zu uns eingeladen hätte. Auf meinen hilflosen Einwurf, dass sie das doch selber so entschieden hatte in Hinblick auf ihre Katzenallergie, ging sie nicht ein. Es wurden mir noch mehr Dinge an den Kopf geworfen, und ich saß derweil weinend da und versuchte zu retten, was nicht mehr zu retten war.
Mit Ende des Telefonates war auch die Freundschaft wieder Geschichte.

Diese Sache hat mich sehr tief verletzt und belastet. Ich war nicht mehr in der Lage, jemanden zu vertrauen. Zwar hatte ich noch zwei Freundinnen, welche ebenfalls Mütter waren und die ich ein Jahr nach der Geburt unserer Kinder kennengelernt hatte. Aber auch ihnen traute ich nicht mehr.
Unsere Treffen waren eher sporadisch und von meiner Seite aus recht oberflächlich gehalten. Ich hörte mehr zu, als dass ich von mir sprach. Ich wusste ja nicht, wie sich alles entwickeln würde und war immer darauf gefasst, dass der große Knall noch folgen würde.

Ähnlich lief es mit zwei ehemaligen Schulfreundinnen innerhalb von einem halben Jahr unabhängig voneinander ab, als ich bereits meine zweite Tochter hatte. Durch Zufall wurde der Kontakt aufgenommen per Email und wir verabredeten uns zusammen mit unseren Familien.
Alles war gut, alle verstanden sich und es kam zu einem zweiten Treffen. Danach herrschte Funkstille.
Treffen wurden entweder kurz vorher plötzlich abgesagt oder ein neues Treffen nicht erst vereinbart.

Ich sprach erst die eine Schulfreundin an und bekam keinerlei Informationen, danach schrieb ich der anderen eine Email. Ich erhielt nur die wage Auskunft, dass ihre Kinder nicht so gut mit meinen Kindern könnten.
Es täte ihr schrecklich leid.
Ich war sehr enttäuscht darüber, denn meine Kinder waren und sind immer noch sehr umgänglich, ruhig und freundlich. Ich konnte mir keinen Reim darauf machen, was an meinen Kindern nicht richtig sein mochte.
Bis heute bin ich der Meinung, dass zumindest bei der zweiten Schulfreundin die Sache diese ist, dass ihr die eigenen Kinder höchst unangenehm waren. Denn sie blockten Kontakte durch meine Kinder ab, tuschelten nur in deren Gegenwart, fingen an zu lachen wenn keine zu ihnen hinschauten und verweigerten jedes Spiel auf Nachfragen meiner Kinder. Meine Kinder waren auf der Heimfahrt nach diesen Treffen sehr traurig und fragten mich, was sie falsch gemacht hätten.

Danach ließ ich die Kontaktaufnahmen bleiben und sagte mir, dass ich besser alleine zurecht komme, als dass ich mich jedes Mal aufs Neue so beschämen lassen muss und meine Kinder damit hineinziehe. Ich hatte meine zwei lockeren Bekanntschaften und zwei Freundschaften – und die reichten mir. Allerdings nahm ich nun die Treffzeitpunkte selber in die Hand und meldete mich, wann ich Zeit und auch Lust hatte.

Die Fäden wollte ich nun selber in der Hand haben und ließ auch niemanden mehr wirklich an mich heran. Ich hielt alles sehr oberflächlich und meine Seele verschlossen, denn was sollte ich auch noch erzählen? Nach einigen Jahre beendete ich die Bekanntschaften.

Ich habe all diese Jahre gedacht, beide Frauen seien Freundinnen von mir. Schließlich trafen wir uns ja regelmäßig mit den Kindern.

Erst, als ich in der Diagnostik war, erfuhr ich durch meinen Psychiater, dass es diese Unterscheidung gibt zwischen Freundschaft und Bekanntschaft.

Und woran man diese festmachen kann.

Ich habe lange nachgedacht und erkannt, dass diese Frauen nur ihre Sorgen bei mir loswerden wollten, ihren Alltagskram, und dass ich als Zuhörerin sehr gut für sie passte.

Sie luden alles bei mir ab, und während ich nächtelang nach Lösungen überlegte für ihre Probleme und kaum in den Schlaf fand, gingen sie selber zu ihrer Tagesordnung über und dachten gar nicht mehr weiter über ihr Gesagtes nach.

Von einer dieser Frauen hätte ich mich schon etliche Jahre eher trennen sollen. Denn während ich sehr lange Zeit sie und ihr Kind bei mir beinahe wöchentlich zu Gast hatte, inklusive Kaffee und Kuchen und Keksen, wurde ich nur insgesamt fünf Mal von ihr eingeladen.

In fast zwölf Jahren.

Als ich diese „Freundschaft" beendete, selbstverständlich mit Begründung, kam von ihrer Seite nichts zurück.

Keine Erklärung, keine Regung insgesamt.

Das hat mich schon sehr erschüttert.

Heute lebe ich zufrieden für mich mit zwei, drei wenigen Freundinnen im reellen Leben. Sie verurteilen mich nicht, sie hören auch mir zu, wenn ich mich, manchmal, öffne und meine Nöte oder Sorgen wegen der Kinder mitteile. Zudem habe ich über das Internet viele Kontakte zu anderen Frauen mit dem Asperger Syndrom knüpfen können, die mir über die Jahre sehr ans Herz gewachsen sind.

Auch sie sind zum größten Teil verheiratet oder in Beziehungen, mit und ohne Kinder. Sie leben mein Leben, sie wissen was ich fühle und wie ich denke. Sie verstehen mich, und ich verstehe sie.
Wir tauschen uns aus über die Kinder, den Beruf, aber auch besonders über uns selbst. Einige Kontakte sind lockerer, andere intensiver.
Wichtig sind sie aber alle für mich.
Auch wir haben Spaß, sind traurig, wütend oder erzählen Witze. Aber eben auf einer anderen Ebene. Wir haben uns zusammen geschlossen, nicht nur aus Freundschaft, sondern weil jede von uns etwas zu sagen hat. Jede für sich selber, aber alle gemeinsam für das Thema „Autismus bei Frauen und im Erwachsenenalter".

Was mir leider etwas im Weg steht, sind meine Erfahrungen aus der Vergangenheit. Ich kann niemanden mehr hundert Prozent vertrauen.
Ich vermute, dass einige darüber traurig sein könnten und es mir nicht sagen. Das weiß ich jedoch nicht Bestimmtheit zu sagen.
Ich weiß nur, dass ich öfters für Verständnislosigkeit sorge, weil ich mich zum Teil ewig nicht bei jemanden melde. Mir wird es als Interessenlosigkeit vorgeworfen. Aber dem ist nicht so.
Ich werde einfach älter und merke, dass ich jemanden nicht mehr ständig um mich herum brauche oder keinen Sinn darin sehe, mich telefonisch zu melden. Es sei denn, es ist wichtig. Wenn eine Freundin Not hat und mich anruft, bin ich nach wie vor da. Aber darüber hinaus telefoniere ich eigentlich kaum mehr. Lieber verabrede ich mich, dann kann man sich über Vieles länger austauschen. Aber auch das muss ich nicht regelmäßig haben.

Die Menschen in der nicht autistischen Welt brauchen jedoch genau diese Aktionen wie regelmäßige Treffen, Telefonate, gemeinsames Ausgehen. Für mich selber war es immer schon Stress. Nicht direkt in dem Moment wo ich unterwegs war, sondern ab dem Tag danach. So ist es bis heute geblieben und wird gefühlt von Jahr zu Jahr anstrengender.

Ich kann an den darauffolgenden Tagen keine sozialen Interaktionen mehr ertragen, außer in der Familie. Und auch hier nur auf Sparflamme. Ich schlafe schlecht, weil sich alles in meinem Kopf wiederholt. Jeder Satz, jedes Detail ist verankert und erwartet, in einem der Schubladen meines Gehirns verarbeitet abgelegt zu werden.

Da ich neben dem Autismus auch noch das ADHS habe, geht es in meinem Kopf neben der alltäglichen Kirmes erst recht laut und unruhig zu. Ich brauche längere Auszeiten, um mich wieder neu zu stabilisieren.

Die meisten nicht autistischen Menschen können außerdem überhaupt nicht nachvollziehen, dass wir Autisten tatsächlich gerne alleine sind.
Damit meine ich, dass wir uns stundenlang, tagelang, ja sogar wochenlang selber beschäftigen können und überhaupt keine sozialen Interaktionen vermissen. Wir haben so viel in unseren Köpfen zum nachdenken. Wir haben so viele Ideen und Hobbys.
Und wir können wunderbar Gespräche in unseren Köpfen führen.
Mit uns selber.
Wir versinken total und vergessen einfach, dass da draußen noch das Leben tobt. Meiner Meinung nach ist es auch eine Gabe. Denn nur so können wir dieses Chaos im Leben ertragen und schützen unsere Seelen. Leider haben wir als Erwachsene nicht so häufig Zeitdafür, da wir fast alle familiär eingebunden sind.
Rückzugzeiten sind für uns sehr schwer zu erreichen.
Weil immer jemand etwas von einem möchte.
Wir sind immer da für unsere Familien und Freunde, aber uns selber vergessen wir vollkommen.

Partnerschaft

Meinen Mann lernte ich 1998 kennen, als ich Pflegehelferin in einem Altenheim unserer Stadt gewesen war. Er war unser Zivi.
Ganz zu Beginn empfand ich ihn zwar als nett, jedoch nicht greifbar. Ich nannte ihn „arrogant", weil er kaum drei Wörter mit mir wechselte und mich auch sonst kaum beachtete. Er selber erzählte mir später einmal, dass er oft aus Unsicherheit recht zurückhaltend sei und deshalb sicherlich seltsam wirken könnte.
Sehr interessant fand ich seine Bemerkung eines Tages, dass er sich beim ersten Anblick meiner Person gedacht hatte:
„*Aha, so sieht also die Frau aus, die einmal heiraten werde.*"
Heute lache ich oft darüber, wenn er sich über mich beklagt und sage ihm, dass er es doch genau so gewollt hatte.

Während meiner Arbeit mit ihm zusammen, lernte ich ihn als einen sehr warmherzigen und freundlichen Menschen kennen.
Sein Umgang mit den Bewohnern war sehr lieb und würdevoll.
Im Laufe der Zeit machten wir ab und zu eine gemeinsame kurze Pause, tranken einen Kaffee zusammen und er erzählte mir ständig Witze. Viel später entwickelten sich vertrautere Gespräche, und eines Tages verabredeten wir uns privat.
So kamen wir dann auch recht schnell zusammen, obwohl ich zu dem Zeitpunkt noch mit meinem Expartner die Wohnung teilte.
Leider gab es lange ein großes Hin und Her von meiner Seite aus. Denn mein Mann ist jünger als ich, und ich war mir damals nicht sicher, was er sich von mir erhoffen würde. Außer vielleicht irgendwelche Erlebnisse intimer Natur, die ich nicht vorzuweisen hatte. Trotzdem war dies der Anlass, endlich einen sauberen Cut unter die formell noch bestehende Beziehung zu meinem ehemaligen Partner zu machen.

Ich suchte mir eine Wohnung für mich alleine und genoss das erste Mal in meinem Leben dieses alleine Leben. Diese Wohnung wurde zu meinem Refugium, zusammen mit meinen zwei Katzen.

Mein Heiligtum, mein Rückzugsort, meine Insel.
Nur meine Familie und mein jetziger Ehemann durften sie betreten und sich wohlfühlen.

Dennoch schaffte ich, es meinen Mann beinahe an den Rand des Ertragbaren zu bringen.
Viele Male beendete ich die Beziehung weil ich unsicher war. Nur, um wieder zurück zu kommen.
Ich brauchte sehr lange dafür, mich an dieses neue Leben zu gewöhnen.
Neue Gefühle, neue Gerüche, neuer Mensch mit Familie. Neue Strukturen. Ich war heillos überfordert und flog mit meiner Schwester nach Gran Canaria, um meine Gedanken zu ordnen. Dort lernten wir eine Gruppe von unterschiedlichsten Menschen kennen. Der Jüngste war sechs Jahre alt, der Älteste um die fünfzig Jahre.
Zwei Wochen lang verbrachten wir alle zusammen unseren Urlaub und hatten sehr viel Spaß. Unter anderem waren auch zwei Studenten in dieser Gruppe. Mit einem der beiden jungen Männer hatte ich sehr viele persönlichere Gespräche. Er war nicht darauf aus, mit mir eine Liebelei zu beginnen.
Ich vermutete damals, dass er Frauen zwar mochte, aber nicht in sexueller Hinsicht. Ihm schüttete ich mein Herz aus.
Erzählte von meiner Hilflosigkeit, meinen Ängsten und Zweifeln und darüber, nicht genügen zu können. Ich hatte große Angst davor, die Erwartungen meines Freundes nicht erfüllen zu können. Ich war auch noch nicht einmal getauft, und seine Familie ist sehr katholisch.
Dieser Urlaubsfreund hörte mir zu.
Am Ende des Urlaubs sagte er, ich solle mich auf den jungen Mann einlassen. Ihm eine Chance geben. Und mir selber auch.
Und außerdem sei ich schon ganz richtig so wie ich sei.

Zurück in Deutschland kam ausgerechnet mein Vater auf mich zu und gab mir den Rat: *„Wenn du ihn gerne hast, dann bleibe bei ihm. Wen interessiert schon das Alter? Meine Schwester hat doch auch einen jüngeren Mann!"*

So kam es, dass ich mich traute und auf diese neue Beziehung endgültig einlassen konnte.

Ein Jahr später wurde ich schwanger und mich überrollte erneut eine große Angst. Mein Mann studierte und lebte noch bei seinen Eltern. Ich wusste nicht, wie ich ihm diese Schwangerschaft sagen sollte. Schließlich bedeutete dies ja nicht nur für uns eine große Veränderung, sondern auch für unsere Familien und unsere berufliche Laufbahn.
Ich fasste mir ein Herz und rief ihn an.
Mir fielen nicht die richtigen Worte ein, um das Gespräch dahin zu führen. Also sagte ich ihm, dass ich ihm etwas zu sagen habe. Und ob er dies am Telefon hören möchte oder lieber persönlich gesagt bekommen möchte.
Mein Mann berichtete mir später, dass er eigentlich mit einer neuen Beendigung der Beziehung gerechnet hatte.
Aus diesem Grunde wollte er es am Telefon erfahren. So hätte er sich den Weg zu mir gar nicht erst machen brauchen. Als ich ihm den Grund meines Anrufs mitteilte, fuhr er sofort zu mir. Meine Ängste waren insofern unbegründet, dass er mich nun verlassen würde und ich mit dem Baby alleine ließ. Insgesamt hatte er die selben Ängste wie ich bezüglich unserer beruflichen Zukunft, aber ansonsten freute er sich sehr.
Er zog zu mir in meine Wohnung, und wir lernten uns nun auch im Alltag sehr genau kennen. Da er so ein offener und wunderbarer Mensch ist, fiel mir die Umstellung auf dieses nun extrem neue Leben leichter als ich gedacht hatte.
Als unsere erste Tochter im Jahre 2001 geboren wurde, waren wir mehr als glücklich. Im Jahre 2006 kam unsere zweite Tochter zur Welt. Nun waren wir als Familie komplett.

Bis heute kann ich es kaum fassen, dass ich einen solchen Mann an meiner Seite habe und wir immer noch genau so glücklich sind, wie zu Beginn unserer Beziehung. Jeden Tag bin ich froh und dankbar um die Worte meines Vaters und meines Urlaubsbekannten.

Und um meinen Mut.

Ich erlebe eine Partnerschaft, die sehr auf Augenhöhe abläuft.
Mit sehr viel Liebe und Respekt füreinander. Ich erlebe niemals Degradierung oder Interessenlosigkeit meiner Person gegenüber.
Ich kann mich ab und zu zurückziehen, ohne sofort deswegen angesprochen zu werden. Er hat mich gelehrt, was es bedeutet, füreinander da zu sein. Das Leben nicht ganz so streng zu sehen. Selbstverständlich haben auch wir manchmal Streit, aber da wir über alles miteinander sprechen können, dauert so ein Streit bei uns niemals lange an. Er ist mir eine große Hilfe im Alltag, wenn ich nicht mehr weiter weiß, überfordert bin mit allem oder einfach nur meine Ruhe brauche und haben muss.
Er lacht mich nicht aus wegen meiner Zettelwirtschaft, ohne die ich meinen Alltag kaum strukturiert bekäme. Er übernimmt am Wochenende das Kochen und auch manchmal die Wäsche, wenn ich dafür unter der Woche keine Kraft hatte oder völlig vergessen habe. Er greift ein, sobald ich ihm Bescheid gebe.
Und was dabei so richtig gut tut, ist, dass ich mich ihm gegenüber nicht so sehr schämen muss. Ich glaube, das wäre entsetzlich für mich, wenn es nicht so wäre.

Als ich mit ihm zusammen kam, hatte ich schon lange aufgegeben gehabt, so sein zu sein wie die anderen. Weil ich spürte, dass ich es niemals würde. Ich wollte auch schon längst nicht mehr so sein. Ich war auf dem Weg, zu mir selber zu finden und meine Seele sprechen zu lassen. Dazu half mir, kitschigerweise, ein Song von Whitney Houston. *„Greatest Love of all".*
Dieses Lied hatte ich nach der Trennung von meinem ehemaligen Partner unzählige Male gehört. Es wurde mir ein regelrechtes Mantra: Die größte Liebe findet man nur in sich selber.
Ich kann nur glücklich sein, wenn ich mit mir glücklich bin und mein Glück nicht von anderen Menschen abhängig mache.

Als ich meine Diagnose Anfang des Jahres 2014 bekam, fiel ich in eine nachdenkliche Phase. Es war ein sehr seltsames Gefühl für mich. Einerseits zu wissen, dass ich nicht psychisch gestört bin, sondern, dass mein Gehirn einfach nur anders geschaltet ist. Ich begann damit, aus dieser neuen Perspektive heraus mein Leben neu zu betrachten. Meine Vergangenheit aufzurollen und alles für mich neu zu definieren, zu begutachten und mit einigen Dingen meinen inneren Frieden zu machen. Leider fiel ich zu dem Zeitpunkt auch in ein tiefes Loch. Der Autismus alleine war nicht der Grund alleine, sondern es gab auf meiner Arbeit jemanden, der mich richtig heruntergerissen hatte durch gemeines Reden über mich.

Ich begann, ein letztes Mal, zu üben, so zu sein wie mein Umfeld.

Ich versuchte auf Krampf alles zu unterdrücken was mich ausmachte. Lange durchgehalten hatte ich es jedoch nicht.

Eines Abends schauten mein Mann und ich uns den Film „Max und Mary" an.

An einer Stelle, ziemlich zum Ende des Filmes, liest Mary einen Brief von Max an sie vor. Diese Zeilen trafen mein Innerstes, und mein Mann hatte gute Mühe, mich zu trösten. Er bat mich, wieder so zu sein wie ich vorher war. Denn er habe sich schließlich nur deshalb in mich verliebt, weil ich nicht so war und bin wie andere. Dies zu hören war für mich ein sehr großes Geschenk. Das wichtigste Geschenk überhaupt für mich.

Durch die monatlichen Elterngespräche mit den Autismustherapeutinnen unserer Töchter, lernte er sehr viel über das Sein unserer Kinder und mir selber kennen.

Bis heute tauschen wir uns aus, und er bekommt vieles erklärt, was ich selber oft nicht in Worte kleiden kann. Seitdem wir diese Unterstützung bekommen, traue ich mich auch viel eher, mich mitzuteilen. Zu erklären, wenn ich etwas nicht weiß, kann oder möchte. Oder auch, warum ich manchmal für die Welt der nicht autistischen Menschen scheinbar grundlos völlig überzogen reagiere. Bei mir hat alles einen Grund.

Meistens dieser, dass ich meine Person schützen möchte oder einfach nicht anders verständlich machen kann, wenn man mich zu sehr in eine Ecke drängt und meine Meinung nicht hören möchte.
Ich habe gelernt, meinen Autismus anzunehmen. Zumindest in den höchstmöglichen Anteilen. Einiges werde ich sicherlich nicht mehr so gut annehmen können. Es sind die Dinge, die mich tatsächlich im Alltag oder auch beruflich immerzu stolpern lassen. Daneben habe ich auch gelernt, die Welt der nicht autistischen Menschen ein wenig zu verstehen. Ich kann bei weitem nicht alles nachvollziehen, aber ich habe gelernt zu akzeptieren, dass diese Welt auch richtig ist.
So, wie meine Welt richtig ist.
Ich erlebe einige interessante „Aha – Erlebnisse" und muss oft lachen, weil manches doch recht skurril in meinen Augen ist.
Andere Erlebnisse lassen mich dagegen tagelang nachdenken.

Ich versuche, in unserer Ehe viel öfters auf meinen Mann zu achten.
Nicht, dass ich dies nicht vorher auch schon getan hatte.
Doch, das habe ich.
Aber ich habe mich insgeheim oft dazu verleiten lassen, den Fokus meist auf mich selber zu richten. Das ist falsch, wenn man eine Beziehung führt. Man muss die Gesamtheit sehen. Ein Partner alleine kann nicht eine Beziehung ausmachen.
Alles in allem sind wir sehr glücklich. Er lässt mich sein wie ich bin. Ich versuche nicht, ihn zu ändern. Veränderungen meistern wir durch das Leben gemeinsam. Er nimmt unser Leben mit Gelassenheit und Humor. Und dafür bin ich ihm dankbar.

Leben in der eigenen Familie

Wie in dem Buch „*Aspergirls*" von Rudy Simone bereits ausführlich beschrieben worden ist, ist das Zuhause für Frauen mit dem Asperger Syndrom das absolute Heiligtum, ihr Refugium und ihre Höhle. Nur hier finden wir unsere so dringend benötigte Ruhe. Nur hier können wir entfliehen vor dem „da draußen". Vor all den Geräuschen, Eindrücken, Menschen und sämtlichen Verpflichtungen in der Gesellschaft. Unser Zuhause bringt uns innere Wärme zurück, Halt und Kraft, die wir jeden Tag neu aufbringen müssen, um uns den Aufforderungen neu stellen zu können.

Die meisten Asperger Frauen sind in Partnerschaften, mit oder ohne Kinder, so wie ich auch. Dieses Leben haben wir uns bewusst ausgesucht, weil auch wir in dieser Hinsicht nicht unbedingt anders ticken als neurotypische Frauen.
Daneben gibt es jedoch auch viele Frauen, die ohne Partnerschaften sind. Sie haben sich nach etlichen Fehlversuchen dazu entschlossen, dass sie viel besser alleine zurecht kommen. Ihr Syndrom ist für sie nicht kompatibel mit der Welt eines neurotypischen Mannes. Und umgekehrt. Und es gibt zudem rein autistische Partnerschaften, die sehr gut funktionieren.
Man siehe: auch bei uns ist alles möglich.
Ich selber lebe also das Leben einer verheirateten Frau und Mutter und muss sagen, dass ich es trotz einiger Widrigkeiten relativ gut hinbekomme.

Asperger Autistin als Ehefrau

Wie bin ich als Ehefrau?
Das ist zum Beispiel etwas, was ich gar nicht einschätzen kann. Bin ich eine gute Ehefrau oder nicht? Was macht eine gute Ehefrau aus? Wer legt überhaupt fest, wann jemand eine gute Ehefrau ist?

Ich denke, ich bin eine ganz normale Ehefrau.
Irgendwie.
Ich koche, ich putze, ich gehe einkaufen, ich kümmere mich um die Kinder, die Post und das Essen. Um die Katzen, den Müll und um meinen Ehemann. Und arbeiten gehe ich auch noch.
Alles ganz genau so, wie es nicht autistische Frauen auch machen.
Ich stehe hinter allem was ich tue, mit allen Konsequenzen und halte meinem Mann den Rücken frei. Ich beklage mich selten, wenn er arbeitsbedingt sehr spät heim kommt. Ich sage ihm öfters, dass er sich mit Freunden oder Bekannten treffen soll, um vom Alltag zu entspannen. Neurotypische Menschen gehen gerne aus und verbringen Zeit in Kneipen und Kino.
Mein Mann ist eindeutig der geselligere Part von uns beiden. Zwar gehe auch ich gerne ins Kino, aber seit Jahren läuft kein ansprechender Film für mich. Deshalb ziehe ich DVD – Abende vor.
Mir fällt es sehr leicht, meinen Mann ziehen zu lassen, damit er seine sozialen Kontakte behält. Er ist entspannt und besonnen und einfühlsam, und er arbeitet sehr viel. Und ich vertraue ihm beinahe zu hundert Prozent.
Mein Mann neigt nicht dazu, mich verändern zu wollen, aber er kann auf seine Art und Weise auf mich einwirken, wenn ich unentspannt bin und blöd reagiere. Er stellt meine Kompetenzen als Ehefrau und Mutter nicht sofort in Frage, wenn ich an mehreren Tagen hintereinander den Haushalt nicht zu hundert oder gar fünfzig Prozent geschafft habe. Er ist durchaus selber in der Lage, die Schmutzwäsche in die Waschmaschine zu packen oder den Trockner anzustellen. Statt dass es hier große Diskussionen gibt über Dinge, die ich noch nicht erledigt habe, nimmt er sie selber in die Hand und hat auch noch gute Laune dabei.

Obwohl ich den Umgang mit Schreibkram hasse, muss ich mich meist darum kümmern. Ebenso um Rechnungen und auch Mahnungen. Letzteres gibt es ab und zu, weil ich mitunter einige Rechnungen vergesse oder das Bezahlen dieser einfach vor mir herschiebe, bis es mir in den Kram passt.

Das hat nichts mit Faulheit oder Ignoranz zu tun.
Es passt nur eben an manchen Tagen nicht so gut in meine Tagesplanung hinein. Gerne auch mal eine bis vier Wochen lang nicht. Ich nehme mir entsprechend vor, die Überweisung an einem bestimmten Tag zu tätigen und habe dann leider das Problem, dass alles anders kommt als ich denke und mein Weg mich nicht zur Sparkasse führt. Egal, wie oft ich mir selber Besserung gelobe, es gelingt mir nicht. Zum Glück gab es noch nie große Probleme deswegen.

Meinen täglichen Pflichten komme ich neben meiner Berufstätigkeit nur solange gut nach, solange ich meine Listen, Pläne und Kalendereinträge im Blick habe. Ohne diese Hinweise gerate ich völlig ins Trudeln, und ich werde sehr unzufrieden mit mir.
Nur gut strukturiert komme ich durch den Alltag und stresse mich nicht. Denn Stress und keine Listen zu haben, überfordern mich mental absolut und die Gefahr ist dabei extrem hoch, dass ich von all den Aufgaben nicht eine einzige bearbeite. So habe ich bereits zweimal vergessen, meine jüngere Tochter aus der Schule abzuholen und die Sekretärin mich anrufen musste.

Schulferien sind zum Beispiel einerseits super, weil ich mich endlich erholen kann von dem ganzen Druck und meine Kinder zur Ruhe kommen. Andererseits bedeuten diese aber auch, dass alle Strukturen wegbrechen. Die Karten werden neu gemischt und der Alltag sieht dementsprechend ganz anders aus für uns alle. Ich bin demzufolge in den ersten Tagen damit beschäftigt, eine neue Struktur für mich zu schaffen. Diese sieht natürlich um einiges lockerer aus als sonst, aber der grobe Rahmen muss stimmen. Innerhalb diesen Rahmens kann ich dann flexibel sein.

Die Zuneigung und den Respekt meines Partners erhalte ich nicht über meine hauswirtschaftlichen Tätigkeiten, sondern darüber, dass wir auf Augenhöhe miteinander kommunizieren. Wir hören einander zu, sind meist einer Meinung, sind uns gute Gesprächspartner über sämtliche Themen, wir sind einfach da füreinander. Ehrlich und direkt, aber niemals verletzend oder böse. Meist albern und fröhlich. Und am allerwichtigsten ist es für ihn, dass ich ihm seine Lieblingsschokolade mitbringe und m zwei bis dreimal pro Woche Fleisch zu Essen anbiete, obwohl ich das Braten nicht gerne mag.

Asperger Autistin und Mutter sein

Ja, das ist eine Tatsache.
Dass auch Frauen mit dem Asperger Syndrom Mutter sein können. Ganz normal mit Schwangerschaft vorweg, Entbindung, mit Krabbelgruppenbesuch und Erziehungsratgebern.
Und später auch noch mit den berühmten Elternsprechtagen und Elternabenden in Kindergarten und Schulen.

Für mich war schon in meiner frühen Jugend klar, dass ich eines Tages Familie haben wollen würde. Ich stellte mir mein zukünftiges Leben sehr genau vor, wenn ich abends im Bett lag und wieder einmal nicht einschlafen konnte. Mein Mann sollte groß und blond sein, seine Augen blau und mir zwei Kinder schenken. Wir würden ein kleines Haus oder einen kleinen Bauernhof haben und Tiere. Dieser Traum, oder eher Wunsch, ging bei mir in sämtlichen Punkten in Erfüllung.

Ich bin nur seit insgesamt über vierzehn Jahren Mutter und möchte keinen einzigen Tag davon missen. Wie ich eben erwähnte, besuchte ich etwa ein Jahr nach der Geburt meiner älteren Tochter die Krabbelgruppe, weil ich hörte und las, dass dies dazu gehören würde zum Alltag als Familie. Dem Kind wird dadurch das soziale Leben nahegebracht, man lernt das Teilen und die Gemeinschaft.

Dies erschien mir schlüssig. Also besuchte ich eine solche Gruppe knapp zweieinhalb Jahre lang, bis zum Kindergarteneintritt.

Es hat mich große Überwindung gekostet, ganz alleine zu einer solchen Veranstaltung zu gehen. So etwas fällt mir ungemein schwer, und ich versuche grundsätzlich, mich vor solchen Aktionen zu drücken. Nun hatte ich mich aber überwunden und traf dort sogar eine ehemalige Arbeitskollegin wieder, deren Tochter nur zwei Monate älter war als mein Kind. Darüber war ich sehr erleichtert.
In dieser Gruppe waren etwa zehn Mütter mit ihren Kindern vertreten. Es wurde zur Begrüßung gesungen und danach mit den Kindern gespielt. Man lernte sich untereinander kennen. Nach einiger Zeit bildeten sich kleine Grüppchen, die mehr oder weniger engen Kontakt hatten. Ich hielt mich meist zurück oder sprach mit meiner Kollegin. Erst etwa drei bis vier Monate später fand ich mich etwas mehr in diese große Gruppe ein und fühlte mich nicht mehr so ganz verloren.

Meiner Tochter erging es anscheinend ähnlich wie mir.
Die ersten drei Monate saß sie nur auf meinem Schoß, während all die anderen Krabbelkinder schon fleißig als alleine erkundeten. Sobald ich den Versuch startete sie auf den Boden zu setzen, gingen ihre Beinchen hoch, unter den Popo, sie krallte sich an mich fest und schrie los. Meine vorsichtigen Versuche, ihr das Spielangebot schmackhaft zu machen schlugen allesamt fehl und ich ließ sie bei mir sitzen.
Da unsere Krabbelgruppenleitung und andere Mütter mich ständig neu auf ihr Verhalten ansprachen, suchte ich unseren Kinderarzt auf. Ich war sehr verunsichert. Unser Kinderarzt hörte sich alles an und meinte danach zu mir, dass alles okay sei. Sie bräuchte eben länger, um mit unbekannten Situationen warm zu werden, ähnlich wie ich. Ich solle ihr die Zeit einfach lassen.
Es geschah eines Tages von ganz alleine, dass meine Tochter sich langsam von meinem Schoß herunter wagte und anfing, sich für die Autos und die Spielgarage zu interessieren.

Nach einigen Wochen ließ sie sogar den Kontakt durch ein Mädchen zu, und sie waren bis zum Eintritt in den Kindergarten unzertrennlich. Zu den anderen Kinder nahm das Kind keine Kontakte auf, lehnte auch alles an Spielangebot ab. Sie tobte lieber mit ihrer kleinen Freundin herum und genoss das Verstecken spielen.

Was mir auffiel in dieser Gruppe war, dass die Mütter alle irgendwie die selbe Erziehung anwandten. Was für das eine Kind galt, sollte für das andere auch gelten. Und kaum weinte ein Kind, weil es nicht verstand warum die Mutter eine bestimmte Sache verlangte oder erwartete, ging die große Diskussion darüber los, warum das Kind so ein Problem machen würde. Ich vergesse niemals, dass ein Kind schon mit einem Jahr perfekt reden konnte.
Alles staunte, und nun wurden die anderen kleinen Kinder geradezu gepuscht, auch so sprechen zu können. Überhaupt gab es in der Gruppe fast immer nur die Themen: Was kann mein Kind? Was kann es noch nicht und warum? Und welche Probleme machte das Kind gerade so?
Ich selber konnte niemals etwas dazu sagen, denn mein Kind machte mir keine Probleme.
Sie war ganz normal. Sie aß, sie trank und schlief. Und sie heulte manchmal los und warf ihre Mützen und Handschuhe aus dem Buggy. Sie jammerte herum wenn sie Langeweile hatte, und sie warf auch gerne mal Sachen nach mir wenn sie keine Lust dazu hatte, zu machen, was ich wollte. Alles ganz normal in der Entwicklung eines Kindes. So blieb ich also meistens außen vor bei solchen Gesprächen und hörte nur zu.

Eines Tages erlebte ich noch einmal etwas Kurioses: mein Kind hatte tatsächlich daheim auch einmal etwas angestellt, nämlich einen gläsernen Teelichthalter nach mir geworfen, der auf dem Steinboden im Flur zerbrach. Als ich dies in der Gruppe erzählte, weil: endlich hatte ich auch einmal etwas beizutragen, wandten sich mir alle sofort zu, riefen weh und ach und wollten alles ganz genau wissen.

Ich relativierte schnell alles und dachte mir:
Das kann doch nicht normal sein, oder?
Dass man nur dazu gehört, wenn man die selben Probleme, oder überhaupt Probleme, wie die anderen hat.
Ich erzählte nie wieder etwas von meinem Kind. Mir erschien das Verhalten dort zu oft zu suspekt. Und die sogenannten Probleme, die diese Mütter mit ihren Kinder hatten, waren ganz einfach Entwicklungsschritte der Kleinen, und ich empfand nichts von dem Erzählten je als schrecklich schlimm oder erwähnenswert. Sie selber machten aber aus allem ein Drama. Was ich nicht verstand.

Das ist auch noch etwas, was mir so ganz und gar fehlt: eine bestimmte Erwartungshaltung an meine Kinder zu haben.
Ich habe mich immer nur darauf konzentriert, eine Etappe zu meistern, beginnend mit den Schwangerschaften. Ich konzentrierte mich auf diese Phase und machte mir keine Gedanken um das, was sein könnte und würde. Kaum waren die Kinder auf der Welt, lebten wir halt zusammen mit ihnen und ich dachte überhaupt nicht an später. Für mich zählen grundsätzlich die Momente, die man gerade hat. Sind Probleme vorhanden, arbeite ich mit ihnen gemeinsam an diesen, aber ich denke nicht sehr viel weiter.
Ich habe keine bestimmten Erwartungshaltungen oder Ansprüche an sie.
Ich habe mich vor einiger Zeit in meinem Freundeskreis umgehört und zugehört bei dem, was sie erzählten. Und ich stelle fest: jede der Mütter hat eine bestimmte Vorstellung darüber, was zu sein hat, was sie sich wünschen würde von ihrem Kind und wie die Zukunft des Kindes am besten auszusehen habe. Mich hat dies sehr erstaunt.
Denn ich frage mich niemals, was aus meinen Kindern eines Tages wird. Ich habe auch überhaupt keine Vorstellung davon, wie sie eines Tages leben werden. Ich möchte das auch gar nicht. Das wäre so, als wüsste ich jetzt bereits, was ich zu Weihnachten bekommen werde. Meine Kinder sind aber mein ganz persönliches Überraschungspaket und ich hoffe, sie werden eines Tages das machen, was sie möchten und dabei glücklich sein.

Das ist meine einzige Erwartung oder eher Hoffnung: Dass sie glücklich sein werden.
Es ist ihr Leben, sie müssen es selber füllen, und ich möchte sie dabei begleiten dürfen, zusehen und mich freuen können.

Auch stelle ich fest, dass ich sehr viel lockerer und entspannter mit meinen Kindern umgehe. Verbote gibt es kaum. Grenzen werden neu formuliert, je nach dem, welches Alter sie gerade erreichen. Sie sind eigene Persönlichkeiten, und ich rede auch entsprechend auf Augenhöhe mit ihnen.
Unser Alltag besteht, neben Pflichtterminen und für die Schule lernen, aus Entspannung, Albernheit, laut singen und allem, was uns Spaß macht. Wir suchen uns jeder die Art Entspannung, die jeder benötigt. Meist gemeinsam, manchmal jeder für sich.
Ich dringe nicht ständig in die Köpfe meiner Kinder ein und frage nach, was sie denken oder was sie fühlen. Ich frage schon auch, wie es ihnen geht, aber entweder es kommt eine Antwort oder keine. Sie wissen, dass ich immer da bin für sie – zur Not per Whatsapp – Nachrichten, wenn das Sprechen schwerer fällt.

Vor kurzem unterhielt ich mich mit der Mutter einer Schulbekannten meiner jüngeren Tochter. Sie sagte mir, dass sie mich lange eher als Rabenmutter empfunden hatte, deren Kinder nur mitlaufen würden. Da war ich schon im ersten Moment geschockt, denn Rabenmütter in der nicht autistischen Welt sind die Mütter, die sich wirklich nicht um ihre Kinder kümmern und einfach auch nachlässig insgesamt sind.
In Wahrheit sind Rabenmütter aber vorbildliche Mütter.
In der Welt der Vögel.
Die Raben!
Kein Vogel ist so liebevoll um ihre Jungen besorgt wie Rabenmütter.
Aber sie meinte nicht diese Rabenvögel.
Durch unser Gespräch erkannte sie, dass ich alles für meine Kinder machen würde. Sie sind mein höchstes Gut. Kostbar wie nichts anderes auf dieser Welt. Aber ich überhüte sie nicht.

Und genau das war dann das, was diese Mutter später von sich selber meinte. Sie sei eine Übermutter, und schön wäre es nicht, weil sie sich immerzu unter Druck setzen würde. Die Entspannung und Gelassenheit würde ihr fehlen, die ich aber zur genüge habe. Das nahm ich als Kompliment.

Meine Kinder finden mich meistens cool, ganz selten peinlich. Aber ich glaube, ich bin eine gute Mutter. Zumindest sehe ich, dass meine Kinder sehr oft lachen. Meine jüngere Tochter hat eine sehr enge Verbindung zu mir. Für sie bin ich die Heldin und die Königin. Schließlich halte ich auch stundenlang still, wenn sie meine Haare frisiert und mich wild schminkt. Meine ältere Tochter ist eher introvertiert und hält nicht viel von zu engen Kontakten.
Aber sie hat eine andere enge Verbindung zu uns. Sie vertraut ausschließlich uns als Familie und kann sich hier fallen lassen und Kraft tanken.

Wenn die Kinder ebenfalls Autisten sind

Nachdem unsere ältere Tochter die Diagnose des Asperger Syndrom erhalten hatte, schauten wir uns um innerhalb der gesamten Familie um zu erkennen, durch wen dies weitergegeben worden war.
Nach Zusammentragen aller Ergebnisse, kam ich darauf, dass sie es nur durch die Familie meinerseits geerbt hat.
Als ich im Februar 2014 meine Diagnose erhielt, bestätigte sich mein Verdacht.
Auffällig war, dass unsere Tochter sich als Kleinkind grundsätzlich von fremden Personen abwandte. Sie mochte nicht von ihnen auf den Arm genommen werden und begann sofort mit dem Schreien.

Zugelassen hatte sie es nur von unseren Familienmitgliedern, wobei mein Schwiegervater, aus welchen Gründen auch immer, nicht ihre beliebteste „Auf den Arm nehm – Person" war.
Ich vermute, es lag an seinem Bart. Auch sprach sie nicht mit Fremden, sah sie nicht an und reagierte auch gar nicht auf sie.
Im Kindergarten traten nach kurzer Zeit die Erzieherinnen auf mich zu und erwähnten, das Kind könnte den Mutismus haben.
Ich hatte davon noch nie gehört und sprach unseren Kinderarzt an.
Dieser bestätigte nach der Untersuchung diesen Verdacht.
Auf meine Frage, was ich nun zu beachten habe, gab er zurück, dass es in Ordnung sei wie wir es handhaben.
Keinen Druck ausüben und sie so respektieren wie sie ist. Sollte es zu Problemen kommen, könnte man über eine Therapie bei einem Logopäden nachdenken.

Dank der Erzieherinnen, die anscheinend schon Erfahrungen im Umgang mit mutistischen Kindern hatten, fühlte sich meine Tochter im Kindergarten sehr wohl.
Sie wurde angenommen wie jedes andere Kind auch.
Ihr Nicken und Kopfschütteln auf Anweisungen und Fragen wurden respektiert. Sie bekam nie den Druck, sich sprachlich mitzuteilen.
Es gab jedoch drei Jungen in ihrer Gruppe, mit denen sie redete und auch spielte. Ach einem Jahr gesellte sich ein Mädchen aus der Nachbarschaft meiner Eltern dazu.
Erst im letzten Kindergartenjahr begann sie sich langsam zu öffnen.
Der Grund schien der neue Leitet der Einrichtung zu sein.
Wie wir vorher schon erkannt hatten, nahm das Kind eher zu Männern Kontakt auf als zu einer Frau.
Erst mit etwa sieben Jahren erklärte sie uns in einer Unterhaltung, dass sie Männerstimmen besser ertragen könnte als die der Frauen.
Der helle Klang einer Frauenstimme täte ihr in den Ohren weh und lässt sie Abstand halten.

Wir hatten nach der Kindergartenzeit das Glück, dass auch die Grundschulzeit für sie überwiegend Gutes bereit hielt.
Sie gehörte bereits in der ersten Klasse zu den leistungsstarken Kindern. Wir bekamen das Angebot, sie nach den Winterferien direkt in die zweite Klasse zu schicken. Sie überlegte es sich zwei Wochen lang und lehnte das Angebot mit den Worten ab, dass sie ihre Klasse gut fände und dort auch zwei Freunde habe.
In der anderen Klasse müsste sie wieder von vorne anfangen mit den Sozialkontakten.
Für uns war es selbstverständlich, ihren Wunsch zu respektieren, und dies war auch die richtige Entscheidung.
Ihre Klassenlehrerin entsprach in ihrer Art den Erzieherinnen aus dem Kindergarten. Sie war schon lange Lehrerin und galt als „hart aber sehr fair". Wir erlebten eine Lehrerin, die wirklich nichts durchgehen ließ, was den Unterricht störte, aber die sich alle Mühe gab und sehr liebevoll und engagiert mit den Kindern umging.
Die absoluten Strukturen und Regeln gaben meiner Tochter unglaublich viel Halt.
Allerdings sprach die Lehrerin mich ab und zu auf gewisse Dinge an, die ihr an dem Kind aufgefallen waren. Ich wusste kaum darauf zu antworten. Es war, wie die Lehrerin meinte, alles immer nur sehr diffus. Bis sie mir eines Tages sagte, sie habe den Eindruck, das Kind habe keinerlei Empathie. Zudem wäre sie einmal mitten im Unterricht eingeschlafen und zweimal weinend aus der Klasse gelaufen.
Nichts davon wusste ich durch meine Tochter und war natürlich sehr überrascht. Auch passierte es besonders in der ersten Klasse noch des öfteren, dass unser Kind einnässte. Meist ab der fünften oder sechsten Stunde. Das wurde zum Glück eher am Rande registriert, ausgelacht wurde sie nie.
Dies geschah auch daheim fast täglich. Ich dachte, sie sei so im Spiel vertieft, dass sie den Toilettengang vergaß. Ich erinnerte sie also jede Stunde daran, dass sie zur Toilette gehen sollte, auch wenn es bedeuten würde, das Spielen zu unterbrechen.

Dies hielt sehr lange an. Streng genommen war sie erst mit knapp elf Jahren wirklich trocken.

Was die Empathie betraf, ging ich überhaupt nicht konform mit der Aussage der Lehrerin. Ich erlebte hier ein Kind mit absoluter Empathie. Sie lachte, hatte Spaß am Leben, machte Unsinn und Witze, kümmerte sich liebevoll um unsere Katzen und hielt mir eine Tasse Tee aus ihrer Spielküche entgegen, wenn ich krank war.
Sie lenkte ihre Freunde mit Lachen ab, wenn sie sich wehtaten und weinten. Dass dies nicht „richtig" war, erfuhr ich erst zur Diagnostik. Dieses Lachen ist ein Zeichen der Unsicherheit.
Sie wusste nicht, wie sie in solchen Situationen mit dem weinenden Kind umgehen sollte. Trost spenden konnte sie nicht intuitiv, also lachte sie.
Ich erinnere mich daran, dass ich als Kind auch oft so reagiert hatte. Und auch heute ist es noch teilweise ein Problem. Allerdings kann ich mich steuern und unterdrücke das aufkommende Grinsen oder gar Lachen sofort. Ich möchte niemanden unglücklicherweise zusätzlich verletzen.

In der dritten Klasse lernte sie ein Mädchen näher kennen, die auch sehr schüchtern war und wenig Kontakte hatte. Bis heute sind sie beide eng befreundet.
Es kam zu privaten Verabredungen, bei denen mich eines Tages die Mutter ansprach, mein Kind das Asperger Syndrom hätte. Ich verneinte, denn ich wusste nicht, was dies ist. Sie selber hat einen älteren autistischen Sohn und kannte sich demzufolge mit diesem Thema gut aus.
Mein Kind sollte Autistin sein?
Wieso denn das?
Sie war doch ganz normal?
Am selben Abend begann ich meine Recherche im Internet. Die Mutter der Freundin hatte mir Beispiele genannt, die sie bei meiner Tochter als auffällig sah. Ich entwickelte ein regelrechtes Spezialinteresse an dem Thema und las alles, was ich finden konnte.

Je mehr ich las, umso klarer wurde mir, dass sie recht haben könnte. Ich beschloss, diese „Sache" erst einmal ruhig im Auge zu behalten. Sollten Probleme auftauchen, könnte ich ja immer noch in die Diagnostik gehen.
Es dauerte nur ein Jahr, und wir fanden den Weg zu einer Kinder – und Jugendpsychiatrischen Praxis in Düsseldorf. Die Aussagen der Lehrerinnen gaben uns Anlass dafür und wir merkten auch, dass das Kind zu Hause unter depressionsartigen Zuständen litt. Ich erkannte, dass der Autismus sie immer mehr belastete und sorgte mich um sie. Nach etwas fünf Terminen hieß es im Abschlussgespräch, dass unsere Tochter völlig normal sei. Das wäre ja auch gut so, denn so empfand ich sie selber ja auch. Bis auf ein paar Auffälligkeiten. Allerdings behauptete der Psychiater, das Verhalten meines Kindes würde an mir liegen.
Ich sei eine Übermutter.
Gluckig und ängstlich.
Nichts davon stimmte.
Ganz im Gegenteil.
Ich war sprachlos ob der Vorwürfe des Mannes und zog mich daraufhin aus diesem Gespräch heraus. Mein Mann führte das Gespräch zu Ende, und danach verließen wir die Praxis. Während er erleichtert war, dass sie also ganz normal war, hatte ich meine leisen Zweifel an der ganzen Diagnostik.

Auf dem Weg zum Parkhaus machten wir einen Halt bei Mc Donalds. Unser Kind und mein Mann mussten dringen zur Toilette. Während er nach kurzer Zeit wieder bei mir war, ließ unsere Tochter uns warten. Ich ging zu den Damentoiletten und schaute durch das Fenster der Tür, welche den Eingang zum Waschraum darstellte. Dort sah ich mein Kind mit hochgeschobenen Pulloverärmeln, die Arme hoch gestreckt, ziellos und hilflos im Waschraum umherlaufen. Sofort ging ich zu ihr hinein und fragte, was los sei. Sie begann das Weinen und sagte, sie wüsste nicht, wie sie an den Wasserhahn heran kommen könnte ohne sich dabei zu erschrecken.

Das Wasser bekam man nämlich so ins Laufen, indem man die Hände nur drunter hielt. Dies passiert sehr plötzlich, und genau davor hatte das Kind Angst. Ich machte also für die das Wasser an, während sie selber hinter mir stand und sie konnte ihre Hände waschen.
Mein Gedanke war in dem Moment:
„Ach, aber sie ist nicht autistisch und ich bin blöd!"

Mein Mann und ich hatten noch sehr viele Gespräche miteinander. Er vertrat die Meinung des Arztes, ich nicht. Ich erkannte immer mehr, was los war und versuchte, ihn dahin gehend zu sensibilisieren.
Da dies jedoch kontraproduktiv wurde, verließ mich mein Mut und die Kraft, alles weiter zu verfolgen.
Ich half dem Kind zu Hause so weit es ging und schaffte es, dass sie immerhin nicht mehr einnässte.

Erst als sie auf das Gymnasium kam und sich dort plötzlich offensichtliche Auffälligkeiten bemerkbar machten, beschloss ich, eine zweite Diagnostik machen zu lassen.
Die Lehrer sprachen ihren fehlenden Blickkontakt an, ihre hervorragende Leistung schriftlich, jedoch würde sie sich grundsätzlich niemals melden. Sie würde im Unterricht immerzu die Hände in Bewegung haben und kneten, manchmal lache sie vor sich her, obwohl überhaupt nichts Lustiges um sie herum geschehen sei.
Und viele Kleinigkeiten mehr.
Dieses Mal erwog ich eine Diagnostik im LVR Viersen. Wir bekamen erneut fünf Termine genannt und brauchten letzten Endes nur zweieinhalb. Die Psychiaterin sagte uns sofort, dass sie schon beim ersten Termin der Vorstellung erkannt habe, dass das Mädchen Asperger Autistin sei. Sie habe die Fragebögen von uns ausgewertet und ein längeres Gespräch gehabt mit dem Kind.
Auffälliger ginge schon nicht mehr.
Mir fiel ein großer Stein vom Herzen, denn nun hatten wir eine Erklärung und konnten der Schule diese mitteilen.

Wir konnten damit beginnen, den Weg für unser Kind schulisch zu ebnen mittels Nachteilsausgleichen in den Fächern Deutsch und Englisch.
Die Lehrer wurden durch mich und einer Autismusbeauftragten aufgeklärt über die Besonderheiten und auf was zu achten wäre.
Dass die Schulklasse aufgeklärt werden sollte, war ein Angebot von uns Eltern an unser Kind. Sie wollte dies jedoch nicht. Heute wissen nur ihre engsten Freundinnen aus ihrer Klasse über den Autismus Bescheid.

Im Januar 2006 kam unsere jüngere Tochter zur Welt.
Die Schwangerschaft war belasteter als die Erste.
Durch unregelmäßigem Wachstum des Babys, vorzeitigen Wehen und durch den Stress in meinem Examensjahr in der Ausbildung. Als sie endlich geboren wurde, war ich mehr als erleichtert. Dass nun jedoch erst der ganze Stress richtig losgehen würde, ahnte ich zu dem Moment überhaupt nicht.
Die ersten Monate mit unserem zweiten Baby waren sehr anstrengend und es steigerte sich danach noch unglaublich. Es war alles psychisch extrem belastend. Nach all den Jahren fällt es mir heute noch sehr schwer, über diese Zeit zu sprechen. Auch wenn ich heute nicht mehr täglich an alles zurück denke. Ich habe dieses Jahr die halbjährliche Kontrolluntersuchung des Kindes dermaßen vor mir hergeschoben, weil sie schon beim bloßen Erwähnen dieses Termins sauer wird und der Tag für sie, aber auch für mich, gelaufen ist.
Nun habe ich endlich einen Termin ausgemacht und es nur am Rande erwähnt. Ich weiß jetzt schon, dass sie an dem Tag vorher, und erst recht an diesem Termin, völlig ausrasten wird.

Die ersten sechs Wochen in etwa verliefen noch relativ entspannt mit dem Baby. Sie war sehr zart auf die Welt gekommen. Sie wog gerade einmal zweitausendsechshundert Gramm und war siebenundvierzig Zentimeter klein.

Das Trinken aus der Flasche ermüdete sie schnell, und so gab ich ihr mitunter alle halbe Stunde das Fläschchen. An Gewicht legte sie nur sehr langsam zu und sie schlief viel.
Meine Hebamme achtete genau auf das Kind und kam öfters als üblich vorbei. Bald begann mein Baby aber zuzunehmen und die Hebamme beendete ihre Betreuung.
Ebenfalls von Beginn an schwierig war das Baden des Kindes. Sie war so klein, dass ich sie im Spülbecken unserer Küche baden konnte. Mit warmen Wasser und Mandelöl dachte ich, dass sie es genießen würde. Da hatte ich falsch gedacht, denn kaum berührte das Wasser mein Kind, fing das Geschrei an. Nach spätestens fünf Minuten beendete ich das Bad und hatte große Mühe, ihr Weinen zu stoppen.
Bald danach ließ ich es bleiben, weil mein Kind dermaßen unter Stress litt. Ich war sehr verwundert, denn meine ältere Tochter hatte das Baden immer genossen.
Und es hieß doch immer, dass gerade die Neugeborenen das Wasser so lieben würden, ähnelt es doch sehr der Umgebung im Mutterleib. Bei ihr war dem nicht so. Also beließ ich es beim Waschen mit dem Lappen und pflegte so auch ihre Haare, was sie einigermaßen tolerierte.

Und eines Tages begann das Schreien.
Unfassbar, wie lange und wie laut ein so kleines Baby schreien kann. In allerhöchster Not.
Stundenlang schon von früh an bis in den späten Abend hinein schrie sie. Mit nur kurzen Pausen.
Während mein Mann unser großes Kind zum Kindergarten fuhr und dann weiter zur Arbeit, saß ich hier im Haus fest mit einem schreienden und unruhigen Baby. Es war egal, was ich versuchte, sie schrie. Ich trug sie im Tragetuch und sie schrie. Ich hielt sie im Arm und sie schrie. Ich legte sie in die Wiege und sie schrie. Ich gab ihr die Falsche und sie schrie. Beim Spazieren gehen im Kinderwagen schrie sie. Sie schrie eigentlich immer.

Sie fand nicht alleine in den Schlaf und quengelte herum, und es eskalierte dann in Geschrei. Ich versuchte, einen straffen Tagesrhythmus zu finden um ihr Eckpunkte anbieten zu können. Sie sollte Sicherheit bekommen in unserer Welt. Ihre Anpassungsschwierigkeiten waren enorm. Ich versuchte, das Schlafzimmer zum Tagesschlaf dunkel zu halten, doch jedes kleinste bisschen Licht schien sie zu stören. Ich kaufte schwarze Plastiksäcke und klebte diese von innen an die Fenster, damit nirgendwo Licht rein kommen konnte. So schlief sie immerhin am Tage eine halbe Stunde. Mehr ging nicht, weil jeden Tag der Schrottsammler mit seiner Musik im Schritttempo an unserem Haus vorbei fuhr.
Kaum ertönten seine Lieder, war das Kind wach und schrie sich die Seele aus dem Leib.
Ich weiß nicht, wie oft ich heulend im Wohnzimmer saß, das Baby im Arm und mit den Nerven völlig herunter.
Meine Schwiegereltern holten die Große aus dem Kindergarten ab, so dass ich wenigstens diesen Stress aus dem Kopf hatte. Mein Mann kam abends von der Arbeit heim, nahm mir die Kleine ab und ich hatte etwas Zeit, um mich um unsere große Tochter zu kümmern.

Ich weiß auch nicht mehr, wie oft ich bei unserem Kinderarzt vorstellig geworden bin. Jedes Mal bat ich ihn darum, das Baby genauer anzuschauen. Ich erzählte von ihrem Trinkverhalten und dass sie massenhaft spuckte und besonders am Abend und in der Nacht furchtbar laut aufstieß. Die Milch kam mit einem lauten Knall aus ihrem Mund geschossen, so dass ich mich regelmäßig erschrak und das Baby erst recht laut schrie. Es muss ihr furchtbar wehgetan haben.
Ab dem dritten Lebensmonat bat ich den Kinderarzt um eine Blutabnahme. Denn das Baby war so unruhig, ihre Haut so schlecht. Besonders im Gesicht war die Haut an den Wangen sehr krustig und ledrig. Durchzogen von blutigen Kratern. Sobald ich sie aus der Kleidung pellt, kratzte sie sich an den Stellen, an denen sie heran kam.

Es war mir unerträglich, dies sehen zu müssen.
Der Kinderarzt jedoch meinte nur abfällig zu mir, dass ich Schuld sei an der Unruhe des Kindes. Ich würde mich verrückt machen und dem Kind die Unruhe zuführen. Sie sei schließlich ein Schreibaby und ich sollte froh sein, dass mein Mann noch bei mir wäre.
Ich war fassungslos.

Mittlerweile hatte ich zumindest einen kleinen Teilerfolg erreicht.
Ich stellte fest, dass sie jedes Mal, wenn sie im Schneeanzug eingepackt war, zumindest schneller zur Ruhe kam und sogar einschlief am Tage.
Also testete ich es eines Tages aus.
Als sie wieder einmal so schlimm weinte.
Ich hielt ihr den Schneeanzug vor die Augen und sie hörte mit dem Schreien auf. Ich nahm ihn weg und sie begann wieder zu weinen. Ich hielt ihn ihr wieder vor die Augen und sie wurde ruhig. Kurzerhand packte ich sie in diesen Anzug, setzte ihr dazu noch eine dünne Mütze auf, zog die Kapuze drüber, und innerhalb einer Minute schlief mein Baby tief und fest. Und dies sogar über zwei bis drei Stunden. Die Fenster konnte ich auf Kipp lassen, so störten sie nicht einmal die Geräusche von draußen.

Allerdings verschwand der Juckreiz nicht. Sie kratzte sich und konnte sich kaum auf etwas anderes konzentrieren. Ich suchte eine andere Praxis auf und schilderte alles. Doch auch hier nahm man mich nicht ernst und lehnte eine Blutentnahme ab.
Das Schreien beherrschte immer noch unseren Alltag.
Niemand kann sich vorstellen, was wir durchgemacht haben.
Es sei denn, man hat es selber erlebt. Mein Mann ging mit dem Geschrei zur Arbeit und kam abends zum Geschrei zurück. Und mitten drin hockte unsere ältere Tochter. Ich war bereits so bedient und überfordert mit allem, dass ich begann, an mir selber zu zweifeln. Was hatte ich mich auf mein Baby gefreut.
Und wieso war bei meinem ersten Kind alles so anders?

Als die Kleine fünf Monate alt war, gab unser Kinderarzt uns die Überweisung für eine Schreiambulanz in Düsseldorf.
Es folgte dort ein langes Gespräch mit uns, und auch das Baby wurde untersucht. Allerdings wurde unsere Bitte um eine Blutabnahme erneut abgeschmettert. Statt dessen sollten wir notieren, wann das Baby schlief, wann sie die Flasche bekam und wann sie schrie. Auf den scheinbaren Juckreiz ging man auch hier nicht weiter drauf ein. Auch sollten wir auf einen straffen Tagesrhythmus achten, was wir ja schon zwangsläufig hatten.

Mittlerweile war es April 2007 geworden.
Unsere Tochter war vierzehn Monate alt und hatte immer noch Schreianfälle. Sie nahm keine feste Nahrung zu sich, trank ausschließlich ihre Milchflaschen und zerkratzte sich nun ständig die Arme und Beine. Auch besaß sie noch immer keinen Zahn.
Bei einer Vorsorgeuntersuchung stellte der Arzt einen angeblich kleinen Kopf fest. Ich war zwar nicht seiner Meinung aber fragte dennoch, was das zu bedeuten hätte. Seine Antwort bestand aus einer Gegenfrage, nämlich dieser, ob es in unserer Familie Fälle von geistiger Behinderungen gäbe. Ein kleiner Kopf wäre oft ein Zeichen dessen. Ich verneinte.
Auf meinen Hinweis, dass der Bauch des Kinder doch sehr dick sei, ging er nicht weiter drauf ein. Er meinte nur, sie solle eben nicht so viel essen. Aber das tat sie ja nicht. Auf den hellen Stuhl angesprochen gab es zur Antwort, ich solle die Milch endlich weglassen. Aber nur diese nahm sie zu sich.
Es war schlimm, nicht ernst genommen zu werden.
Für die Wunden an Armen und Beinen gab es Jodsalbe, Kompressen und Mullbinden.
Der Arzt ignorierte alles was ich sagte.

Mitte Mai entzündete sich eine der Kratzwunden am Arm sehr stark. Drumherum begann sich alles zu röten und anzuschwellen.

Zudem fiel mir auf, dass mein Kind an manchen Tagen zart gelb im Gesicht erschien. Ich zählte eins und eins zusammen und wurde sehr hektisch. Mir war klar, dass hier etwas ganz und gar nicht stimmen würde, und ich hatte die Leber oder die Galle in Verdacht.
Zu unseren Kinderärzten hier in der Stadt hatte ich kein Vertrauen mehr. Also telefonierte ich herum und fand eine Kinderärztin in Düsseldorf, die mich sofort in die Praxis bestellte.
Dort angekommen, untersuchte sie das Kind gründlich und ordnete für den nächsten Morgen nüchtern eine Blutentnahme an.
So geschah es auch, und eine Woche später musste erneut Blut entnommen werden, da die Leberwerte alles alarmierend hoch waren. Auch das zweite Labor zeigte diese Werte an. Nun schallte die Ärztin den gesamten Bauchraum des Kindes und eröffnete uns, dass sowohl die Leber als auch die Milz stark vergrößert seien.

Zwei Krankenhausaufenthalte später, mit diversen Untersuchungen und einer Leberbiopsie stand fest, dass unser Kind an einer frühkindlichen Leberzirrhose leidet. Für uns brach eine Welt zusammen. Warum das so war, konnten uns die Ärzte nicht erklären. Erst Jahre später kamen wir der Ursache durch Zufall auf der Spur. Unsere Tochter leidet an einem seltenen Gendefekt, welches sich PFIC 3 – Syndrom nennt.
Sie muss täglich ein bestimmtes Medikament zu sich nehmen, welches den Prozess des Leberabbaus scheinbar verlangsamt. Somit ist sie bis heute noch nicht transplantiert, und wir hoffen, dass dies vielleicht sogar nie der Fall sein wird.

Unser kleines Mädchen entwickelte sich nur langsam körperlich und leicht verzögert auch im kognitiven Bereich. Das fiel uns schon früh auf. Sie hatte einen schwachen Muskeltonus und konnte sich nicht alleine hinsetzen. Allerdings saß sie richtig gut, wenn ich das Hinsetzen ihres Körpers übernahm.

Sie lief frei schon recht früh, kam aber alleine nicht ins Stehen, weil sie sich nicht an Möbeln hochziehen konnte wie es eigentlich üblich ist im Alter von zehn, elf Monaten etwa. Auch krabbelte sie niemals. Sie fiel oft hin und hatte entsprechende Blessuren.
Auch das Schreien begleitete uns weiterhin.
Unsere Tochter entwickelte heftige Stereotypen und tippte sich ständig mit den Zeigefingern an den Bauch herum.
Sie hing in Ritualen fest, die ganz streng eingehalten werden mussten. Ich beobachtete, dass sie alle drei Monate ein neues Ritual brauchte und das vorherige ablegte. Meistens waren diese gut in unseren Alltag einzubauen, manche allerdings weniger gut.
Dennoch ließen wir sie gewähren.

Bis sie sechzehn Monate alt war, trank sie nur ihre Milchfläschchen. Ihren ersten Zahn bekam sie ebenfalls erst mit sechzehn Monaten. Erst damit begann sie, feste Nahrung zu sich nehmen.
Sie lehnte die Kindergläschen völlig ab und wollte sofort von unserem Teller mitessen. Die empfohlene Reihenfolge des Zufüttern des Kindes haben wir bei ihr komplett übersprungen. Das erste, was sie mir ganz plötzlich vom Teller aß, waren Kartoffeln und grüne Bohnen. War ich beim Kochen, hatte ich sie auf dem Arm damit sie genau sehen konnte was ich dort gerade trieb.

Ab dem Alter von zwei Jahren bekam sie durch die Lebenshilfe e.V. Frühförderung. Auch das hatte ich durch Zufall für uns gefunden, nachdem ich mit dem Gesundheitsamt des Kreises Mettmann telefoniert hatte. Wir hatten gerade wieder eine sehr schlimme Phase hinter uns gebracht mit viel Unruhe und Verzweiflung unseres Kindes. Die Dame von der Frühförderung kam zu uns ins Haus, bis das Kind in den Kindergarten gehen konnte.
Mittlerweile hatte unser Kind durch ihre Erkrankung die Pflegestufe eins bekommen und wurde mit dreieinhalb Jahren als Integrativkind in einen Montessori – Kindergarten eingekindergärtnert.

Zu Beginn waren die Erzieherinnen etwas rücksichtslos, obwohl ich beim Gespräch direkt klar geäußert hatte, dass das Kind „speziell" sei in ihrer Art.
Ich verwies auf die Rituale, Stereotypen und vor allen Dingen auf das Schreien.
Dies wurde erst einmal lächelnd ein wenig abgetan. Da ich jedoch wusste, was die Erzieherinnen erwarten würde, wenn sie die Eigenheiten von dem Kind nicht beachteten, lehnte ich mich sprichwörtlich entspannt zurück und wartete ab.

Es geschah gleich in der ersten Woche nach der Eingewöhnungswoche.
Mein Handy klingelte, als ich gerade einkaufen war.
Man bat mich, doch bitte zur Einrichtung zu kommen, das Kind würde schreien und nicht aufhören. Selbstverständlich fuhr ich los und fand ein kleines, rotgesichtiges und brüllendes Mädchen in der Ruheecke vor. Auf mein Nachfragen was geschehen wäre, kam zur Antwort, dass sie etwas Bestimmtes diesmal anders gemacht hatten. Ohne dem Kind vorher die Möglichkeit zu bieten, sich darauf einstellen zu können.
Auf meine Frage, wie lange die Kleine denn nun schon schrie, erfuhr ich, dass es nun gerade in die dritte Stunde ging. Ich war fassungslos. Drei Stunden schrie das Kind schon, und statt mich nach maximal einer Stunde anzurufen, wenn alles nichts half, riefen sie mich jetzt erst dazu?
Ich nahm mein Kind und fuhr heim.

Zu Hause legte ich schriftlich alles nieder, was genau zu beachten sei bei dem Kind und gab Hinweise, wie man sie wann und womit beruhigen könnte. Und da es unterschiedliche Situationen gab, verfasste ich auch für alle die mir einfielen einen Notfallplan.
Ich bestand darauf, dass sie das Kind niemals mehr länger als eine Stunde schreien ließen, wenn überhaupt. Sie sollten auch die Möglichkeiten haben, vielleicht etwas zur Beruhigung zu finden, was nur im Kindergarten Gültigkeit hätte.

Damit das Kind auch dort Chancen haben könnte.
Das zweite Mal riefen sich mich etwa drei Wochen später an und baten mich, das Kind abzuholen. Wieder schrie sie. Diesmal war der Grund gewesen, dass sie nach dem Mittagsschlaf nicht von der Praktikantin geweckt wurde wie sonst an jedem Tag. Denn diese musste direkt nach dem Mittagessen einen Termin wahrnehmen. Allerdings hatten die Erzieherinnen sich an meine Anweisungen gehalten und riefen schon nach nur einer halben Stunde an.
Wir besprachen am nächsten Tag eine Alternative zum Wecken den Kindes, falls die Praktikantin nicht arbeiten würde. Es dauerte zwar eine Weile, aber wir fanden einen Weg.
Die Erzieherinnen waren sehr offen für die Bedürfnisse unserer Tochter. Somit hatte das Kind eine schöne Kindergartenzeit, ohne große Probleme. Sie fand Anschluss an ein älteres Mädchen und später an drei Jungen.

Durch ihre geringe Körpergröße von nur achtundneunzig Zentimetern war sie für die anderen Kindern eher ein Püppchen, das man umsorgen konnte. Und obwohl unsere Tochter mittlerweile sehr stark im Willen war, ließ sie sich gerne umsorgen.
Sie bekam im Kindergarten Logopädie wegen ihres schlechten Sprechens und die nuschelige Aussprache, wegen dem ständigen Verschlucken beim Essen und an ihrer eigenen Spucke und dem Verwechseln der Pronomen.
Sie nannte sich bei Vornamen und sagte niemals „ich" über sich.

Zu Hause hatten wir nun ein großes Trampolin im Garten stehen, welches sie ausgiebig nutze und zum Ballett ging sie im Alter von dreieinhalb Jahren auf eigenen Wunsch, bis sie fünf Jahre alt war.
Aus einem unsicheren, ewig hinfallendem Kind wurde eine quirlige, rastlose und freiheitsliebende Person, die bis heute ständig in Bewegung ist.
Aus schwach wurde stark.

Alles war wunderbar. Bis sie in die Schule kam.
Wir schulten sie an der selben Grundschule ein, die ihre Schwester besucht hatte. Schließlich hatten wir dort sehr gute Erfahrungen gemacht. Leider ahnten wir nicht, dass diese Schule für unser Kind vor fast unlösbaren Problemen stellen würde. Während meine ältere Tochter sehr intelligent ist und eine unglaublich schnelle Auffassungsgabe hat, gehört meine jüngere Tochter zu den Menschen mit einem durchschnittlichen Intellekt.
In einigen Bereichen ist es immer noch so, dass sie mehr Zeit benötigt, um Sachverhalte zu verstehen. In anderen Bereichen ist sie sehr fit. Diese Diskrepanz bedeutet auch für uns als Familie oft genug eine kleine Herausforderung. Wir müssen ihre Stärken und Schwächen stets gleich beachten und genau hinschauen, wann sie überfordert ist und wann eher unterfordert.

In der Schule kommt sie mäßig zurecht. Das liegt jedoch nicht alleine in dem Autismus begründet, sondern von Seiten der Schule spielt dazu noch einiges mit hinein.
Ich ahnte bereits am Einschulungstag mit Nennung der zukünftigen Lehrerin, dass dies nicht wirklich gut funktionieren würde, die Kombination Kind und Schule. Die Kinder bekamen eine Lehrerin, die schon zur Grundschulzeit meiner großen Tochter leider bei den Eltern bekannt dafür war, dass sie sehr häufig fehlt. Ich hoffte, dass sich dies nicht bewahrheiten würde.
Das erste Mal krank war die Lehrerin vier Wochen nach Schulbeginn. So bekam diese Klasse Unterricht durch diverse Vertretungslehrerinnen. Das trug natürlich nicht dazu bei, diese neue Klasse in den Griff zu bekommen. Ich erfuhr, dass viele Kinder einfach nicht gebändigt werden konnten. Die Klasse war also der pure Alptraum für mein Kind. Laut und chaotisch und unberechenbar. Als die Klassenlehrerin zurück kam, setzte sie als erstes alles Kinder um. Dies trug natürlich nicht dazu bei, dass es nun ruhiger wurde. Im Gegenteil. Es wurde noch unruhiger, weil sich die neuen Sitzpartner natürlich interessanter fanden als den Unterricht.

Meine Tochter hatte ihren Sitzplatz immer ganz hinten. So überblickte sie die gesamte Klasse, bekam alles mit was um sie herum passierte und verstand vom Unterricht nur sehr wenig.
Kurze Zeit später fiel die Lehrerin wieder aus und Vertretungslehrer sprangen ein. Beim Elternabend war dies das zentrale Thema.
Auch die große Unruhe der Kinder wurde angesprochen.
Viel geändert hatte sich jedoch nicht. Unsere Tochter weigerte sich immer mehr, in die Schule zu gehen. Bei Gesprächen mit der Klassenlehrerin, sofern diese dann auch zu greifen war, ergab sich immer ein unschuldiges Unwissen bezüglich der Problematik des Kindes. Letzten Endes gab die Lehrerin diese Klasse zum Ende der zweiten Klasse auf und war längerfristig krank geschrieben.

Unsere jüngere Tochter wurde in einer Kinder – Jugendpsychiatrischen Praxis als Highfunction Autistin diagnostiziert, und es kamen zwei neue Lehrerinnen in die Klasse.
Wir erhofften uns ein Miteinander, damit das Kind die Schule einigermaßen bestehen könnte. Schließlich hatte das Kind große Probleme mit dem Fach Mathematik sowie mit Rechtschreiben. Bis heute sind diese beiden Bereiche absolut ungreifbar für sie, wobei sie in Rechtschreibung kleine Fortschritte aufweisen kann. Eigentlich wollte ich unsere Tochter aus dieser Schule herausnehmen und auf eine bestimmte andere Schule schicken. Doch sie weigerte sich, hatte sie doch endlich zwei gute Freundinnen dort gefunden.
Nun haben wir die Nachteilsausgleiche und das Kind verzweifelt wenigstens nicht immer, wenn sie Klassenarbeiten zurück bekommt. Unsere Tochter aber weigerte sich von Monat zu Monat mehr, die Hausaufgaben zu machen oder zu lernen. Die neue Klassenlehrerin ist sehr nett, jedoch hat sie ein Problem mit dem Verständnis der Situation des Kindes.
Nachdem unsere Tochter die Diagnose erhalten hatte, wurde diese sogar noch durch die Lehrerin und einer Sonderpädagogin der Schule abgestritten. Diese Sonderpädagogin habe ich bis heute nie zu Gesicht bekommen.

Sie arbeitete anscheinend sporadisch auch mit unserem Kind und behauptete, die Diagnose würde nicht stimmen.
Es kam zu Anrufen der Lehrerin, weil unser Kind die Klasse des öfteren verlassen würde mit der Aussage, die müsste zur Toilette.
Ob sie eine Blasenentzündung habe.
Nein, das Kind war gesund.
Ich versuchte, der Lehrerin zu erklären, dass das Kind die Flucht sucht. Weg aus dem Unterricht, Flucht vor der Lautstärke und dem ganzen Chaos dort.
Da das Kind bereits Autismustherapie bekam, besprachen wir die Gesamtsituation mit unserer Therapeutin. Daraufhin besuchte sie die Klassenlehrerin für ein Gespräch, in welchem sie für Aufklärung über den Autismus und von dem Kind sorgte. Doch auch nach diesem Gespräch misstraute sie der Diagnose und sagte es mir auch an einem Elternsprechtag. Ich konnte erst am Abend realisieren, was sie mir dort mitgeteilt hatte und wurde bitter böse.
Für was hatte ich der Lehrerin erzählt, welche Dramen nach der Schule bei uns ablaufen?
Dass das Kind im Auto auf der Heimfahrt nur vor sich her starrte und unter Umständen eine dreiviertel Stunde nach Parken in der Einfahrt noch stumm im Auto sitzen blieb.
Dass sie sich entweder unter dem Tisch hockte oder sich hinter Vorhängen versteckte, wenn sie Hausaufgaben machen sollte.
Oder dass sie oft genug schrie und ihre Schulsachen nach mir warf.

So schrieb ich einen sehr erbosten Brief an die Lehrerin, weil ich mich sehr verletzt fühlte. Das Theater mit dem „nicht glauben, was Eltern sagen", kannte ich bereits aus der Sache mit der Lebererkrankung.
Ich gestehe, der Brief war hart.
Aber anders wusste ich mir nicht mehr zu helfen. Danach lief es sehr viel besser für uns und das Kind.
Auch heute noch haben wir Probleme nach der Schule.
Kaum sind wir daheim, zieht das Kind ihren Schlafanzug an.

Ein Zeichen, dass sie jetzt diese Höhle, ihren Rückzugsort nicht mehr verlassen wird. Sie verweigert nicht mehr ganz so oft die Hausaufgaben und wirft nur noch ab und zu mit ihren Schulsachen. Ich muss ganz genau darauf achten, wann ihr Zeitfenster sich öffnet und wie lange es auch offen bleibt. Verpasse ich den Moment, kann ich es vergessen, mit dem Kind etwas für die Schule zu machen.
Ich achte dabei schon alleine auf die Tonlage des Kindes.
Je kindlicher sie spricht nach der Schule, umso eher kann ich alles vergessen mit ihr. Dann ist die Grenze zum Ausflippen extrem schnell erreicht bei ihr.

Neuerdings zögert sie das Einschlafen sehr hinaus.
Früh eingeschlafen ist sie nie, aber aktuell ist es schrecklich, dass sie sich bis nach Mitternacht teilweise wach hält. Mit der Begründung, dass sie das Einschlafen so lange hinauszögert, damit der nächste Tag nicht so schnell da ist. Diese Vorgehensweise und auch die Begründung kenne ich von mir selber. Aus der Vergangenheit, aber auch, weil ich es heute noch oft so halte.

Demnächst steht erneut ein Gespräch mit uns Eltern, der Lehrerin und unserer Therapeutin an. Ich hoffe, wir können die aktuellen Baustellen besprechen und Lösungen finden. In Kürze finden die Tage der offenen Türen an den weiterführenden Schulen statt.
Wir müssen die wichtige Frage klären, welche Schule für das Kind die Bessere sein wird. Wenn es nach mir ginge, würde ich mich für eine Walddorfschule entscheiden. Die nächste solche Schule befindet sich jedoch zu weit weg von uns. So wird es darauf hinaus laufen, dass das Kind die hiesige Gesamtschule besuchen wird, deren Konzept uns als das am besten für unser Kind erscheint.
Ich hoffe sehr, dass sie ihren Weg dort machen kann und wir die Unterstützungen bekommen, welche wir benötigen. Es wäre schade, wenn unsere Tochter am Ende ebenso frustriert die Schule verlassen müsste wie ich damals.

Das große Thema Arbeitsleben

Wie die meisten anderen Menschen auch, müssen auch wir Autistinnen arbeiten gehen. Es sei denn, man hat einen gut verdienenden Ehemann ergattert oder man ist so gehandicapt durch den Autismus, dass es kaum möglich ist.
Ich wollte immer schon berufstätig sein, unabhängig leben und am liebsten die ganze Welt bereisen.
Leider erfüllt sich mein erster Berufswunsch, Stewardess zu werden, nicht. Meine Englischkenntnisse waren beinahe nur rudimentär vorhanden. Reiseverkehrskauffrau konnte ich nicht werden, weil meine Mutter absolut nicht damit einverstanden war.
Das Abitur und ein Studium passte eher in ihr Weltbild.

Wie ich bereits schrieb, machte ich eine Ausbildung zur Krankenschwester.
Wie dieses Arbeiten heute ausschaut, darum wird es nun gehen. Es ist vielleicht für nicht autistische Menschen nur schwer vorstellbar, dass es Autisten in sozialen Berufen gibt. Immer noch herrscht ja in den Köpfen derer vor, dass wir ohne Empathie sind. Dass wir schlimme Probleme mit Sozialkontakten haben.
Dies ist mitnichten so.
Es gibt sie durchaus, die Autistinnen mit einer hohen sozialen Kompetenz. Genau so, wie es diese Autistinnen gibt, die eher in der Wissenschaft oder gar Technik zu finden sind.

Als meine jüngere Tochter etwa zwei Jahre alt war, begann ich in einem katholischen Altenheim unserer Stadt zu arbeiten. Ich hatte einen Teilzeitvertrag, so dass ich an drei Wochenenden arbeiten ging und zusätzlich ein bis drei Tage über den Monat verteilt. Es gefiel mir gut dort, denn wir hatten nicht nur alte Bewohner und demente Bewohner zu versorgen, sondern bauten gerade auch die stationäre Palliativ – Versorgung auf. So waren natürlich auch jüngere, sterbenskranke Klientele zu versorgen und zu betreuen.

Mein Kontakt zu den Kollegen war gut, jedoch nicht sehr eng. Man sah sich auf eine kurze Zigarettenpause auf dem Balkon, ansonsten machte jeder seine Arbeit. Erst zur Übergabe hatte man dann mehr Zeit zum Reden miteinander.
Nach etwas über zwei Jahren kam mir der Gedanke, dass ich doch wieder als Krankenschwester arbeiten könnte. Die Psychiatrie hatte mir früher ja besonders gut gefallen. Ich bewarb mich also kurzerhand für die Psychiatrie hier in der Stadt und bekam tatsächlich nach dem Vorstellungsgespräch eine Stelle. Ich wurde mit einer halben Stelle für eine Station eingeteilt, auf der Menschen mit dem Borderline – Syndrom und mit Depressionen behandelt wurden.
Dass ich nur acht Wochen dort bleiben sollte, ahnte ich nicht.

Zum ersten mal nach Beendigung meiner Schulzeit erlebte ich dort fast vom ersten Tag an Mobbing durch die Stationsleitung und zweier Kollegen.
Ich wurde dieser Station zugeteilt, obwohl die Leitung sich ausdrücklich eine Vollzeitkollegin gewünscht hatte.
Jemanden, der alle Schichten übernehmen würde und nicht wie ich ziemlich unflexibel war.
Diese endlosen Diskussionen wurden in meinem Beisein zwischen der Leitung und der PDL geführt, mit unschönen Aussagen.
Ich hatte nun das Pech, dass ich den Frust abbekam und schikaniert wurde. Die geschah natürlich in voller Absicht, um mich weg zu bekommen und den Platz frei zu haben. Ich selber verstand dies zu Beginn noch nicht als Mobbing. Eingearbeitet wurde ich kaum. Und wenn, dann täglich anders. Die meisten Dinge musste ich mir durch Beobachtung selber aneignen, Fragen wurden jeweils konträr beantwortet, so dass ich Aufgaben immer wieder falsch erledigte und Ärger bekam. Stellte ich Fragen an die Stationspsychologin, wurde ich heraus gerissen aus dem Gespräch mit der Aussage, ich sei hier, um das zu lernen, was eine Krankenschwester dort machen würde. Die Aufgaben der Psychologin seien nicht mein Gebiet.

Aber genau diese gab mir zum Teil Hilfestellung und rettete mich oft genug vor einem Desaster.
Stellte ich Fragen zu bestimmten Abläufen im Stationsalltag, oder welche Röhrchen hier im Hause für was bei der Blutabnahme benötigt wurden, hatte niemand Zeit für mich. Das Rauchen gehen war wichtiger und ich schloss mich ihnen notgedrungen an. Meine Fragen in diesen Pausen war natürlich auch bezogen auf die Arbeit und ich merkte, dass die Kollegen keine große Lust dazu hatten, mit mir gerade jetzt darüber zu sprechen.
Also saß ich mehr oder weniger meine Zeit dort ab und machte mir Notizen aus dem, was ich mitbekam.
Ab und zu durfte ich gnädigerweise mit zu den täglichen Visiten, was ich sehr spannend fand.

Leider wurde der Druck auf mich immer größer und ich konnte diesem nicht länger standhalten. Die Stationsleitung schrieb den Dienstplan dermaßen ungünstig und entgegen der Vereinbarungen für mich, dass ich keine Wahl mehr hatte und kündigte.
Ich fand recht schnell eine Anstellung in einem Düsseldorfer Altenheim, welches ich jedoch noch in der Probezeit von mir aus schnell kündigte. Ich ging mit der Arbeitsweise dort gar nicht konform, und selbst der Nachtpfleger gab mir den Rat, mich ganz schnell wieder zu verziehen und mir etwas menschlicheres zu suchen. Also bewarb ich mich in dem Haus, wo ich heute noch angestellt bin.

Es ist ein kleines Haus mit drei Wohnbereiche für dementiell erkrankte Menschen. Prinzipiell habe ich dort eine Nische gefunden für mich, auch wenn selbst hier nicht alles so läuft wie es laufen könnte. Insgesamt ist es jedoch so, dass ich gut verdiene und mit einigen Kollegen gut zurecht komme. Es gibt gute Tage, und es gibt schlechte Tage für mich dort.

Die Arbeit in einer Wohngruppe für demente Menschen

Als ich vor knapp vier Jahren meine Arbeit in dem Haus begonnen hatte, war ich voller Ängste. Schließlich war alle irgendwie falsch gelaufen in der letzten Zeit. Nach wie vor bereute ich meinen Weggang aus dem katholischen Altenheim sehr, aber ich wollte mir selber hier und jetzt eine neue Chance geben.
Mein Mann ist Schreiner und der Verdienst nicht sehr hoch.
Aus diesem Grunde begann ich erst mit einer vierzig Prozent Stelle zu arbeiten, schraubte die Stundenzahl jedoch nach zwei Jahren hoch auf eine sechzig Prozent Stelle, die ich heute noch inne habe.
Meine Arbeit stellt mich meistens sehr zufrieden. Die Kollegen sind alle ein Stück weit „besonders", so dass ich mit meinem Autismus nur am Rande auffalle.

Das Haus ist relativ klein, und es geht einigermaßen familiärer dort zu als in anderen Heimen. Zu fast allen Bewohnern besteht nach einiger Zeit eine enge Verbindung. Der Arbeitsablauf ist täglich der selbe, bis auf die Telefonate mit den Hausärzten, Angehörigen oder anderen Bereichen, die man führen muss.
Meine Arbeitszeit beginnt unter der Woche um acht Uhr, da ich vorher meine Kinder in die Schule fahren muss. Enden tut mein Dienst um dreizehn Uhr. Pünktlich zum Schulschluss der Mädchen.
Komme ich früh auf meiner Arbeit an, helfe ich zuerst in der unteren Etage der Kollegin bei der Versorgung der Bewohner und wende mich danach dem Kollegen in der ersten Etage zu. Sind die Bewohner gewaschen, bekommen sie im Essraum ihr Frühstück und ihre Medikamente.
Die Tage laufen immerzu ähnlich ab von der Struktur her. Durchbrochen wird die Struktur nur durch die Ergotherapie, die Physiotherapie oder wenn sich jemand vom Personal krank meldet. Meist sind wir gegen halb elf Vormittags mit der Pflege durch. Es gibt jedoch Tage, an denen kann es später werden. Es kommt auf die personelle Besetzung an.

Festgelegte Pausenzeiten gibt es nicht.
Wir wissen alle sehr genau, was wann zu machen ist und welcher Bewohner eher früh aufsteht und welcher Langschläfer ist. Danach kann man sich gut richten und entsprechend eine kurze Pause machen.
Meist trifft man sich auf der Terrasse für eine Zigarette oder einen schnellen Kaffee, tauscht sich kurz über die Arbeit aus und geht wieder an diese.
Die Arbeitszeiten unter der Woche gehen für mich recht schnell vorüber, da ich mich nicht immer in die Pause begebe.
Bei fünf Stunden Dienst sehe ich da nicht direkt einen Grund für.

An den Wochenenden arbeite ich ich grundsätzlich die volle Stunden im Schichtdienst. Personell sind wir an diesen Tagen enger besetzt, so dass wir die hauswirtschaftlichen Tätigkeiten noch dazu übernehmen müssen. Das bedeutet, wir bereiten das Frühstück vor, kochen Kaffee und decken die Tische ein. Die Mahlzeiten werden komplett angereicht durch uns, und auch das Mittagessen holen wir aus der Küche und bringen den Wagen anschließend dahin zurück.
Viel Zeit für die Bewohner bleibt besonders an den Wochenenden nicht. Da ist man froh, wenn alle ordentlich gepflegt sind und ihre Mahlzeiten sowie Medikamente erhalten haben. Die persönliche Zuwendung findet erhalten sie entweder durch die Mitarbeiterinnen des sozialen Dienstes oder durch ihre Angehörige an den Nachmittagen.
Da diese Wohngruppen recht klein sind, verliere ich kaum den Überblick dort. Ich arbeite oft alleine im Wohnbereich, besonders an den Wochenenden. Deshalb habe ich mir feste Strukturen angeeignet. Diese helfen mir dabei, den Überblick zu bewahren, aber auch den Bewohnern kommt es zu Gute.
Dass gerade an den Wochenenden bei mir so eine Ruhe herrscht liegt auch daran, dass kaum Personal aus den Nebenberufen im Haus sind. So fällt die Geräuschkulisse durch Gespräche, Türen knallen, lautes Rufen zum Beispiel weg.

Auch wird an den Wochenenden keine Wäsche verteilt.
Dies ist Anfang der Woche doch auch mit etwas mehr Unruhe gekoppelt. Während unter der Woche ab acht Uhr früh die Musikanlage läuft, mache ich diese erst nach dem Frühstück an. Ich blende am Wochenende alles aus, was unter der Woche störend für mich ist und stelle fest, dass es den Bewohnern genau so gut tut wie mir.
Ich schalte nie die Deckenbeleuchtung früh an, da das Neonlicht so grell ist und alles so ungemütlich wirkt. Das Licht verursacht mir Kopfschmerzen und ein Flimmern vor den Augen. Wenn ich mir vorstelle, ich müsste als alter Mensch direkt früh nach dem Waschen in so eine Unruhe fallen, ich würde ausflippen.
Nach dem Frühstück räume ich die Tische ab und stelle das Geschirr in die Spülmaschine. Während diese läuft, schiebe ich die Bewohner ins Wohnzimmer, so dass sie sich entweder den Gottesdienst oder eine alte DVD ansehen können. Alternativ lege ich eine CD mit Entspannungsmusik ein und mache die Aromalampen an.
Die ätherischen Öle können entweder zur Entspannung dienen oder auch zum Muntermachen. Wie es gerade passt. In dieser Zeit versorge ich die restlichen Bewohner, schreibe die Akten und erledige sonstige Arbeiten. Um zwölf Uhr gibt es das Mittagessen, und bis dreizehn Uhr etwa liegen alle wieder frisch versorgt in den Betten zur Mittagsruhe.

Habe ich Dienst unter der Woche, steigt bei mir der Stresspegel deutlich an. Es ist laut, chaotisch, man hetzt durch die Wohnbereiche, das Telefon schellt ständig.
Da merke ich oft, dass ich an meine Grenzen stoße.
Jeder will irgendwas von einem und am besten immer mit einem Lächeln im Gesicht. Ich arbeite neben der Pflege alles an Telefonaten ab und hake im Übergabeordner ab, was erledigt worden ist. Manchmal komme ich nicht dazu, alle Aufgaben zu erledigen und die Angst vor dem Versagen jagt mir durch den Körper.

Meistens fällt darüber kein böses Wort, manchmal aber doch. Dann kommt diese tiefe Scham in mir hoch und ich weiß nicht, was ich sagen soll. Also verstumme ich.
Das sind die Momente, in denen ich gerne wüsste, wie die anderen alles immer hinbekommen.

Pausen, Kollegen und Smalltalk

Anders als in der Schule oder in Arztpraxen zum Beispiel, ist es in den Pflegeberufen so, dass es keine festen Pausenzeiten gibt.
Natürlich haben wir die gesetzlich vorgeschriebene Pausenzeit einzuhalten, aber man kann sie kaum so nehmen an einem Stück. Also schaut jeder für sich selber, wann er eine Pause benötigt und machen kann. Da ich unter der Woche um acht Uhr mit meiner Arbeit beginne und um dreizehn Uhr aufhöre, steht mir für diese Zeit eigentlich keine Pause zu. Dennoch brauche auch ich in dieser Zeit Rückzugsmomente oder frische Luft, einen schnellen Kaffee oder eine Zigarette.
Es hängt viel davon ab, mit wem ich Dienst habe.
Davon mache ich abhängig, ob ich eine kurze Pause auf der Terrasse mache oder eher auf die Personaltoilette verschwinde.
Meistens sitze ich auf der Terrasse und rauche mir schnell eine Zigarette. Dabei kommen dann meistens ein oder zwei KollegInnen zu mir. Wir besprechen in dieser kurzen Zeit meistens Aktuelles über die jeweiligen Wohnbereiche. Manchmal berichtet jemand etwas Privates über sich.
Ich selber halte es so, dass ich nur wenig über mein privates Lebe berichte. Ich wüsste nicht, was meine Kollegen an meinem Leben interessieren könnte. Zudem halte ich mich bei privaten Gesprächen eher bedeckt, weil mir meistens die richtige Antwort fehlt.

Es gibt nur zwei Kolleginnen, mit denen ich mich manchmal etwas privater austausche, da ich beiden vertrauen kann. Zu oft erlebte ich schon in diesem Beruf, dass man jemanden aus bestimmten Gründen ein Bein stellen kann, wenn man zu viel über sich preisgegeben hat. Am sichersten ist daher für mich die Kommunikation über das Berufliche im Haus.

Habe ich Dienst zusammen mit Kollegen, die mir nicht so ganz zusagen, schaue ich erst aus dem Fenster, ob sie auf der Terrasse sitzen oder nicht. Dann vermeide ich meine Pause draußen und halte mich im Wohnbereich auf. Ich möchte mir einfach nicht unnützes Geschwätz anhören, was ich nicht einmal abwertend meine. Es ist nur einfach so, dass mich ihre Themen überhaupt nicht interessieren und ich meine kurze freie Zeit statt dessen sinnvoll nutzen möchte. Schließlich möchte ich durchatmen. Und in meinem Kopf sind gerade meine eigenen Gedanken drin.
Außerdem versuche ich grundsätzlich, so wenig Angriffsfläche wie möglich zu bieten. Deshalb achte ich darauf, nicht zu oft meinen Vorgesetzten über den Weg zu laufen. Dies liest sich bestimmt paranoid, aber ich kann es nicht ändern. Insgeheim habe ich große Angst davor, dass man mich ansprechen könnte wegen eventueller Fehler, die ich gemacht haben könnte. Das schlummert tief in mir drin, diese subtile Angst, nicht „richtig" zu sein, mir eine Arbeit „erschlichen" zu haben, eines Tages „ertappt" zu werden und vorgehalten zu bekommen, dass man nichts könne und nichts sei. Selbst meine sehr guten Arbeitszeugnisse bis dato können mein Unterbewusstsein nicht überzeugen.
Ich habe eine völlig andere Wahrnehmung meiner Person, da mir ein enger Bezug zu mir selber fehlt.

Dass ich mich vor etwas über einem Jahr dort geoutet habe, spielt für mich dabei keine Rolle. Ich habe erst vor kurzem wieder eine unschöne Situation erlebt, in die mich eine Kollegin aus „angegebener" Nettigkeit und Hilfsbereitschaft hinein manövriert hat.

Das Ende vom Lied war, dass sie eine Sache unserer PDL ganz anders zugetragen hatte als sie tatsächlich passierte.
Unsere PDL zitierte mich ins Büro und war mächtig sauer auf mich. Das konnte ich sehr viel später durchaus nachvollziehen, denn so wie diese Angelegenheit dargestellt wurde, hatte sie allen Grund dafür. Leider begann sie die Unterhaltung mit mir ziemlich ungünstig auf neurotypische Art.
Statt mir genau zu erklären was los war, stellte sie sofort Fragen die mich total verwirrten. Ich wusste nicht, was sie genau von mir wollte und geriet ins Stottern. Da ich in Bildern denke, brauche ich eine gewisse Zeit, um vergangene Geschehnisse wieder aufrufen zu können. Ich spule gedanklich also meine Tage rückwärts ab, bis ich zu der entsprechenden Situation komme.
Bin ich endlich angekommen, ist mein Gegenüber meist schon richtig sauer auf mich und behauptet, ich würde mich hinaus winden wollen. Das stimmt nicht.
Ich brauche nur mehr Zeit, um zu erkennen, was eigentlich gerade passiert. Leider bekam ich diese Zeit nicht und stotterte mir etwas zurecht. Ich hatte immer noch nicht begriffen, was genau eigentlich passierte und um was genau es ging.
Erst durch eine Kollegin, der Ähnliches vorgeworfen wurde und die zur Arbeit kam, um alles mit mir zu klären, konnte ich erkennen, dass hier zwei völlig unterschiedliche Situationen zu einer einzigen Sache zusammen gelegt worden waren.
Kein Wunder, dass ich nicht eher begriff, was eigentlich los war.

Um solchen Situationen gar nicht erst ausgeliefert sein zu müssen, versuche ich so unsichtbar wie nur möglich zu sein.
Oft verkrieche ich mich auf die Personaltoilette.
Das sind Momente, in denen ich mit unliebsamen und geschwätzigen Kollegen Dienst habe, die über andere schlecht reden.

Auffallen an sich tue ich anscheinend nur wenig.
Als ich mich so nach und nach auch bei den Kollegen geoutet hatte, konnten die meisten derer es nicht glauben. Sie stellten Fragen, ich klärte sie auf. Dennoch taten sie sich schwer damit und trafen, verständlicherweise, auch solche Aussagen wie:

„Aber du redest doch ganz normal mit uns ...", „Aber du bist immer so fröhlich ...", „Aber du wirkst gar nicht seltsam ...".

Meine Erklärungen reichten jedoch aus für sie, um es annehmen zu können. Nur ein Kollege sagte mir, dass er sich schon immer gedacht hatte, ich sei anders. Ich versinke öfters in meine eigene Stille, lasse mich äußerst ungern unterbrechen in meiner Tätigkeit in diesem Moment, ich mache immer alles auf die selbe Art und ich stelle sogar die Teller zu den Mahlzeiten immer gleich auf die Theke. Schön geordnet.
Er sagte auch, dass er kapiert hat, dass morgens möglichst alles gleich ablaufen sollte bei mir weil ich sonst völlig konfus durch die Gegend laufen würde. Telefonieren mag ich auch nicht gerne und er hat schon bemerkt, dass ich viele Telefonate vor mir her schiebe, bis es nicht mehr geht. Das stimmt.
Ich bereite mich innerlich auf diese Telefonate vor, weil ich mich bei Spontananrufen meinerseits total verhaspel und anfange zu stottern. Da, muss ich gestehen, hat er mich gut beobachtet.
Dennoch habe ich Strategien entwickelt, mit deren Hilfen ich auf der Arbeit gut zurecht komme.
Dieses extreme Anpassen an die Welt da draußen bedeutet für mich, höchste Konzentration.
Ich habe extrem viel gelernt über die Jahrzehnte, aber ich wende alles immer noch sehr bewusst an. Nichts geschieht intuitiv.
Selbst meine Intuition muss ich ganz bewusst ausschalten, weil ich mit hoher Wahrscheinlichkeit sonst schon unendliche Male für Eskalationen gesorgt hätte. Es ist jeden Tag ein immenser Kraftakt, den mir niemand ansieht, der mich aber immer mehr und schneller erschöpft, je älter ich werde.

Flexible Dienste für Autisten?

Leider ist es im Pflegeberuf Gang und gebe, dass man keine geregelten Dienste hat. Dessen war ich mir bewusst, da ich die Arbeitszeiten meiner Mutter bis zu ihrer Rente miterlebt hatte. Allerdings hatte ich mir als Kind oder Jugendliche niemals Gedanken darüber gemacht. Sie war eben entweder Vormittags oder Nachmittags nicht daheim. Und durch die Bereitschaftsdienste auch oftmals über Nacht weg.

Als ich mein Vorstudiumspraktikum machte, sahen meine Dienstpläne natürlich genau so aus wie die der anderen Vollzeitkräfte. Ich hatte eine Woche lang Frühdienst, dann das Wochenende frei, und danach begann eine Woche mit Spätschichten. Immer im Wechsel.
Einerseits war diese Regelmäßigkeit gut für mich. Ich konnte mich entsprechend zu Beginn des Monats darauf einstellen und meine freie Zeit planen.
Was sich allerdings recht schnell als problematisch erwies war die Tatsache, dass so ein Vollzeitjob für mich auf Dauer unerträglich wurde. Ich war sehr oft ausgelaugt, überreizt und verfiel nach der Arbeit meistens in einen Shutdown. Das sah so aus, dass ich nach der Arbeit sofort in mein Appartement des Wohnheims lief, mich ins Bett legte und einschlief. Oft bis zum nächsten Morgen durch.
Oder ich geriet am Nachmittag bei Verabredungen mit meinem damaligen Freund durch blöde Sprüche seiner Seite aus, oder durch gemeinsame Unternehmungen, in den Meltdown und der größte Streit brach aus.

Irgendwann begann ich mich krank zu melden.
Ich bemerkte früh ein Jucken im Hals, also rief ich an und meldete mich krank. Ich spürte einen Hauch von Kopfweh, also rief ich wieder an und meldete mich krank. Nicht ständig aber doch öfters.
Es kam ebenfalls vor, dass mir mitten im Dienst, so ganz plötzlich, einfiel, dass ich einen wichtigen Termin hatte.

Also meldete ich mich bei der Leitung ab und fuhr mit dem Auto kreuz und quer durch die Gegend. Nur, um kurz vor Dienstende wieder auf der Station aufzutauchen und dann in den Feierabend zu gehen. Dies passierte grundsätzlich dann, wenn ich extrem überfordert oder belastet durch eine Situation war. Ich wurde niemals darauf angesprochen.
Auch machte ich mir zu dem Zeitpunkt selber kein schlechtes Gewissen. Irgendwie setze ich dort nur das fort, was ich schon während der Schulzeit in der Oberstufe gut konnte:
Flüchten, wenn gar nichts mehr ging.

Als ich mit dem Studium begann, arbeitete ich nur noch in Teilzeit. Allerdings waren die Arbeitszeiten da schon nicht mehr so regelmäßig, denn ich wurde einfach irgendwie in den Dienstplan gepackt wie man Personal brauchte.
Hatte ich zum Beispiel an sieben oder acht Tagen hintereinander Dienst, schwänzte ich danach die Uni, um mich zu erholen.
Oder ich meldete mich auf der Arbeit krank.
Letzteres geschah jedoch nicht so häufig, da ich große Angst vor einer Kündigung hatte und damit mein finanzieller Rückhalt hätte wegbrechen können.

Nun arbeite ich, wie bereits erwähnt, seit fast vier Jahren in einem Wohnheim für demente Menschen und das auch nur mit einer sechzig Prozent Stelle. Ich bin mir ziemlich unschlüssig in dem Urteil, ob meine Dienstpläne nun gut oder weniger gut sind für mich. Ich würde mal behaupten, dass es sich je nach meiner Stimmung und meinen Tagesaktivitäten ändert. Ich habe meist an drei Wochenenden Dienst und zusätzlich an weiteren neun bis zehn Tagen im Monat quer verteilt. Manchmal muss ich an sechs bis neun Tage am Stück arbeiten gehen und habe danach fast zwei Wochen drei. Manchmal arbeite ich dagegen nur zwei oder drei Tage und habe danach kürzere Freiphasen.

Es gibt Momente, in denen wünsche ich mir, die Dienste seien geregelter und mit weniger langen Freitagen dazwischen.
Und dann gibt es Tage, an denen ist es genau richtig so für mich.
Denn ich habe so deutlich mehr freie Zeit zur Verfügung, um mich zu erholen.

Wie der Autismus mich im Alltag begleitet

Ich habe nun so viel aus meinem Leben bisher geschrieben und auch dort schon so einiges einfließen lassen, woran man den Autismus beim mir erkennen kann. Ich möchte nun genauer aufzeigen, wo mir mein Autismus im Alltag insgesamt noch so über den Weg läuft.
Ich möchte dies zur Übersichtlichkeit als Unterpunkte aufzeigen.
Wie bereits gesagt, fällt mein Autismus sehr oft nicht viel auf.
Das liegt daran, dass ich über die Jahrzehnte einfach sehr aufmerksam die Menschen um mich herum studiert habe.
Aber lernt man mich näher kennen, oder verbringt, wie mein Mann, extrem viel Zeit mir mir im Alltag, sind meine Eigenheiten oder das, was man den Autismus nennt, ziemlich schnell offensichtlich.
Während ich früher - vor der Diagnose - immer nur gedacht hatte, ich sei ein wenig blöd oder schwer von Begriff, weiß ich heute mit meinen Stärken und Schwächen besser umzugehen.
Das Wissen darum, warum ich bin wie ich bin, beruhigt mich meistens und ich kann mir alles selber viel besser erklären.

Die Sache mit dem Einkaufen

Nicht autistische Frauen gehen ja oft gerne shoppen.
Zumindest wird es einem durch diverse Frauenzeitschriften oder TV – Shows so suggeriert. Auch in meinem privaten Umfeld weiß ich von Frauen, die nichts lieber tun als das. Besonders, wenn es um sie geht. Jede Errungenschaft wird herum gezeigt, besprochen, anprobiert und am besten sofort getragen, derweil ich da sitze, staune und mich frage:

„Warum denn wieder ein paar neue Schuhe, Kleider, T – Shirts, ... ?"

Wenn die Person doch schon genug davon hat.
Ich selber bin froh, wenn ich einigermaßen etwas im Schrank habe, was ich gut miteinander kombinieren kann.

Nun, ich hasse es, einkaufen gehen zu müssen.
Besonders Kleidung.
Ich trage meine Sachen meistens über Jahre auf und kaufe nur das nach, was auf Dauer nicht mehr so gut ausschaut oder kaputt gegangen ist. Dies betrifft also eher Unterwäsche und Socken.
Brauche ich dennoch etwas Neues, überlege ich mir im Vorfeld, was genau es sein soll. Ein ähnliches Modell oder etwas ganz anderes? Danach begebe ich mich ins Internet und schaue auf diverse Seiten von Onlineshops nach.
Finde ich etwas, bestelle ich es direkt. Sehe ich etwas, was mir zwar gefällt aber ich noch unsicher bin wegen der Qualität, fahre ich an einem bestimmten Tag zu diesem Geschäft und kaufe mir das Teil nach Begutachtung, oder eben nicht. Anprobe in der Umkleidekabine gibt es bei mir nicht. Zum Glück passt mir alles meistens.
Ich finde dieses Anprobieren nämlich sehr nervig und anstrengend. Bis ich mich aus meinen Klamotten befreit habe, dauert es eine Weile. Das liegt nicht daran, dass ich Unmengen an Sachen übereinander trage, sondern dass ich immer so langsam bin.

Dann fällt mir grundsätzlich etwas herunter oder ich bin abgelenkt durch Frauen in den Nebenkabinen.
Oder weil der Vorhang nicht komplett mit der Kabine abschließt.
Sei es an den Seiten oder vom Boden her.
Ich finde es schrecklich, wenn Vorhänge nur bis zu den Knien reichen. Man möchte selber etwas anprobieren und läuft unter Umständen links und rechts an lauter halben Beinen vorbei. Man schaut auf seltsame Strümpfe, und da ich Füße grundsätzlich nicht schön finde, bedeutet dies eine wahre Überwindung für mich.
Also lasse ich es bleiben und tausche zur Not ein paar Tage später etwas um, falls es doch nicht passt.

Das Einkaufen von Lebensmitteln ist hier bei uns klar geregelt. In der Woche kaufe ich nur die Sachen ein, die wir unmittelbar brauchen.
Sachen wie Katzenfutter, zu Essen, Brot, Aufschnitt oder eben Toilettenpapier, Waschmittel und andere Pflegeprodukte.
Den Großeinkauf startet Samstags mein Mann mit Hilfe meiner Einkaufsliste.

Einkaufslisten schreibe ich einen Tag vorher bereits, und dann ziehe ich los in unseren Laden hier im Dorf.
Ich gehe fast nur in dieses Geschäft, weil ich da blind finden würde was ich brauche. Als Alternative habe ich noch einen zweiten größeren Laden am Randes des Dorfes. Dort bekomme ich eigentlich alles was benötigt, neben der Lebensmittel.
In unserem Laden kennen mich eigentlich alle und wissen, dass ich keine Rednerin bin. Zu Beginn haben sie es versucht, aber ich bin nicht wirklich auf die Gesprächsangebote eingegangen. Ich wusste nicht, was ich erzählen oder sagen sollte, denn ich bin eigentlich eine Person, die aus Unsicherheit viel zu viel von sich preis gibt.
Also ziehe ich es vor, den Mund zu halten und nur freundlich zu grüßen und mich zu verabschieden.
Die Damen an der Kasse sind sehr nett und behandeln mich trotzdem freundlich. Sie wissen, sie brauchen keinen Smalltalk halten mir mir, und das finde ich gut.

Auch warten sie mit dem Kassieren meistens, bis ich alle Dinge auf das Band gelegt habe, nachdem ich mich einmal von Herzen bedankt hatte, dass sie mich nicht so stressen.
Meistens fangen Kassiererinnen ja schon an mit dem einscannen, wenn alles noch im Wagen liegt. Das macht mich wahnsinnig.
Ich gerate dadurch dermaßen unter Stress und fange an zu schwitzen. Hier ist es nicht der Fall.
Außerdem habe ich ein System beim Auflegen auf das Band: erst die ganzen schweren Dinge, danach die leichteren bis leichten Sachen.
Weil sie genau so auch entsprechend nach dem Scannen wieder im Wagen landen. Nichts soll unnötig zerdrückt werden.

Meine Einkaufsliste sieht auch meistens gleich aus.
Immer die selben Joghurts, der selbe Käse, die selbe Wurst, das selbe Obst. Nur bei den Süßigkeiten variiere ich, da die Kinder nicht immer auf das selbe Appetit haben. Sie suchen sich selber aus, was sie haben möchten.
Ich tu mich sehr schwer damit, andere Markenprodukte zu kaufen als sonst. Wenn man den Kühlschrank öffnet, findet man immer alles von der selben, mir am geläufigsten, Marke vor.
Mein Mann dagegen ist recht flexibel und kauft das ein, was er gerade so findet. Neben den Sachen auf meiner Liste.
Besonders während der Urlaubszeit kann es anstrengend werden für mich. Dann geht mein Mann viel öfters einkaufen und entdeckt viele andere Produkte die ich überhaupt nicht wahrnehmen würde.
Der Kühlschrank wirkt auf mich nach dem Einräumen extrem fremd. Ich finde mich kaum zurecht und weiß nicht auf Anhieb, wo ich was finde. Außerdem tu ich mich schwer damit, etwas davon zu essen.
Es bedeutet immer erst einmal ein genaues aussondieren, drumherum schauen, in die Hand nehmen und wieder reinlegen, bis ich endlich davon essen kann.
Meistens geht das auch gut, manchmal weniger gut.

Es gibt ein kleines Geschäft in der Ortschaft, in der meine Schwester lebt. Dieses Geschäft ist für mich ein Paradies.
Klein und fein, wunderbar sortiert, alles nach Farben und Formen und Marken. Das Obst und Gemüse herrlich angerichtet.
Ich wandere sehr gerne dadurch und fühle mich absolut nicht gestresst. Ich verstehe nicht, warum nicht alle Geschäfte so eingerichtet sind. Es ist eine Wohltat für Augen, Ohren, Nase und Seele.

Die einkaufsfreie Zeit für mich genieße ich trotzdem sehr, weil mein Mann an den Wochenenden kocht. Für ihn bedeutet Kochen Entspannung und Freude. Er experimentiert viel und kocht sowieso um Längen besser als ich. So kommen wir alle regelmäßig in kulinarische Genüsse, auf die ich überhaupt nicht mal im Traum kommen würde.

Das bisschen Haushalt...

Das Lieblingsthema aller Frauen, schätze ich mal, ironisch gemeint. Der Haushalt ist leider ein notwendiges Übel, und auch ich muss ihn führen.
Ich bin als Kind und Jugendliche schon recht früh an diese Sache herangeführt worden, dank einer berufstätigen Mutter.
Aber es ist ja doch etwas anderes, wenn man alleine lebt oder eine Familie hat. Und sowieso schon Probleme damit hat, sich selber zu organisieren. Um also nicht völlig zu verwahrlosen, lebe ich seit vielen Jahren schon mit meiner Zettelwirtschaft zusammen.
Abends mache ich mir eine To – Do – Liste für den nächsten Tag. Diese Liste liegt auf dem Küchentresen und wird entsprechend abgehakt.

Sie kann unter anderem folgendermaßen ausschauen:
- Kinder in die Schule
- einkaufen, Wäsche aus dem Trockner, Wäsche in Maschine
- Obere Etage Staubwischen, saugen und Bad putzen
- untere Etage Staubwischen, saugen und Bad putzen
- Essen kochen
- Kinder abholen
- 15h Termin bei …

und so weiter. Natürlich sieht die Liste täglich etwas anders aus, außer, dass ich die Kinder zur Schule bringe und wieder abhole. Tag für Tag, Jahr für Jahr. Sicherlich werde ich noch meine eigene Beerdigung entsprechend auflisten und abhaken lassen.
Das klappt alles solange hervorragend, wie ich nicht von außen unterbrochen werde.
Sobald das zum Beispiel Telefon schellt und das Gespräch länger dauert, bin ich raus aus dem Geschehen. Oder wenn jemand plötzlich vor meiner Tür steht. Das gehört nicht in den Ablauf und somit brauche ich meistens erst einen Kaffee, um weiter machen zu können, wenn überhaupt. Mein ganzes Konstrukt ist auseinander gezerrt worden und muss anders und neu zusammen gefügt werden.
Auch die Ferien bedeuten in der ersten Woche viel Stress, da alle Strukturen durch den Schulalltag wegbrechen.
Somit entsteht ein heilloses Durcheinander, was mich innerlich zum rasen bringen kann. Es spiegelt mein Innerstes wieder und ich muss hart an mir arbeiten, um uns eine neue Struktur zu basteln, die uns durch die Ferien rettet.
Es gibt Tage, an denen helfen mir meine Zettel überhaupt nicht weiter. Da kann ich dann noch so oft lesen, was ich notiert habe, mein Geist weigert sich, dies aufzunehmen und umzusetzen. Statt dessen bin ich mit allem möglichen beschäftigt.
Mein Geist ist sehr unruhig, mein Hirn brodelt vor sich her. Ich schiebe Gegenstände im Endeffekt nur von links nach rechts und zurück, laufe die Treppen hoch und hinunter und weiß gar nicht, was ich eigentlich machen wollte.

Ich denke nach, führe Selbstgespräche im Kopf, gehe Situationen aus der Vergangenheit durch oder durchforste ein Problem nach Lösungen und bin rastlos und innerlich regelrecht getrieben dabei.
Mit viel Glück habe ich dann die Betten gemacht und gelüftet.
Da kommt mir mein zusätzliches ADHS in die Quere.
Blitzgedanken nehmen Überhand. Mir fällt etwas ein, ich denke drüber nach, möchte mehr Informationen habe und lande im Internet.
Das eine an Information leitet mich an eine nächste Quelle, eine andere Idee entspringt meinem Kopf und ich suche darüber nun im Internet – und vergesse absolut die Zeit.
Es gab durchaus schon zwei Tage, an denen mich die Schulsekretärin der Grundschule anrief und mich fragte, wann ich gedenken würde, mein Kind abzuholen.

Da ich taktil sehr empfindlich bin, kann ich den Haushalt nicht machen ohne Einmalhandschuhe. Ich kann nicht verstehen, dass viele Menschen ohne Handschuhe spülen und putzen.
Ich kann weder Essensreste von Tellern oder Besteck an meinen Fingern ertragen, noch mag ich das Gefühl von feuchten Lappen und Tüchern mit Spülmittel und Putzmittel. Außerdem ertrage ich das Gefühl von schrumpeligen Fingerkuppen absolut nicht.
Soviel Creme habe ich gar nicht im Haus, die ich bräuchte, um meine Hände einzucremen.
Solange ich Einmalhandschuhe im Haus habe, ist alles gut. Habe ich keine, und schaffe ich es auch nicht, kurzfristig einkaufen zu gehen, habe ich Pech gehabt. Dann wird hier nichts in die Spülmaschine geräumt oder geputzt durch mich. Dann muss ich warten, bis mein Mann am Abend wenigstens das Geschirr wegräumt.

Die Bank und die Post

Ja, das ist so ziemlich die nächste Hürde, die ich immer nehmen muss. Da ich öfters daheim bin als mein Mann, fallen mir diese undankbaren Aufgaben wie Bank und Post auch noch zu.
Mir, wo ich eh schon ein sehr spezielles Verhältnis dazu habe.
Post und Gehalt zu bekommen ist klasse. Solange ich keine Rechnungen oder gar Mahnungen erhalte.
Habe ich die Post ins Haus geholt, was nicht regelmäßig erfolgt, gehe ich sie durch und lege sie auf die Küchentheke. Es ist völlig egal, ob es sich dabei um Rechnungen, normale Hauspost oder Werbung handelt. Da liegt sie nun. Die Post. Und liegt, und liegt, und sie liegt fünf Tage später immer noch da. Dann beginnt sie, mich zu stören. Also lege ich den Stapel ins Arbeitszimmer auf den Schreibtisch und denke mir noch dabei, dass ich an die Rechnungen denken muss. Das tue ich auch. Sogar fast täglich.
Aber ich bekomme den Dreh nicht hin, diese mit ins Auto zu nehmen und dann zur Bank zu fahren. Weil es oft einfach nicht passt. So seltsam es sich auch anhören mag.

Das ist es für mich aber nicht.
Seltsam.
Sondern ganz normal, wenn auch oft genug ärgerlich.
Da mein Tag ja weitestgehend strukturiert ist, können sich die Post oder die Rechnungen nicht einfach dazwischen drängeln. Ich muss erst einen Tag finden, an dem ich diese Wege mit einplanen kann. Es muss quasi auf dem Weg liegen und sollte keinen Umweg bedeuten.
Kommt die erste Mahnung ins Haus, bekomme ich zwar schon einen Schrecken. Aber es belastet mich noch nicht. Ich schreibe auf einen Zettel: *Geld überweisen* und lege den Zettel irgendwo hin.
Da liegt er dann auch wieder ein paar Tage. Und die nächste Mahnung kommt beim zweiten Mal etwas schneller als die Erste. Seltsamerweise kann ich nun den Weg zur Bank finden und die Überweisungen tätigen.

Gerne allerdings zu so seltsamen Zeiten wie früh um 8h oder, eher seltener, abends um 19h.
Worum ich mich nicht mehr kümmern muss sind diese Dinge mit dem Finanzamt. Da hat eine meiner Schwägerinnen zum Glück einen Menschen aus dem Steuerfachbereich geheiratet, der uns diese Aufgabe nun abnimmt.

Die leidigen Arzttermine

Ich kann mit Recht behaupten, dass ich nicht oft krank bin.
Da ich zwei Kinder habe und auch mir nur die gesetzlich zugesprochenen Kinderkrantage zustehen, achte ich darauf, nicht so oft krank zu werden. Außerdem mag ich es gar nicht, krank zu sein. Ich fühle mich völlig zerhauen, in Einzelteile zerlegt und habe kaum Kontrolle über mich und meinen Körper, obwohl genau das überlebenswichtig ist für mich.
Krank werden ist also äußerst fatal für mich und meine Familie und unsere Strukturen. Ich werde so unleidlich, dass ich mich am liebsten ganz weit weg wünsche. Und meine Familie wünscht sich dies dann sicherlich auch. Dazu kommt meine große Angst vor Ärzten insgesamt. Und das, obwohl ich selber Krankenschwester bin. Diese Angst ist in meiner Kindheit entstanden, und ich werde sie auch nie wieder los.

Als ich eine Zahnspange bekam, war meine damalige Zahnärztin der schwachsinnigen Meinung, sie müsste mir das Lippenbändchen zwischen den oberen Schneidezähnen durchtrennen, da ich eine Zahnlücke hatte. Ich erinnere mich wie gestern an den Moment, als sie ohne Betäubung zum Skalpell griff und das Teil durchtrennte und die Wunde vernähte.

Ich wurde von drei Mitarbeiterinnen auf dem Stuhl festgehalten, und mein Geschrei muss die Patienten im Wartesaal regelrecht geschockt haben. Denn als ich die Praxis verheult an der Seite meiner Mutter verließ, herrschte tiefstes Schweigen im Wartezimmer.

Als ich etwa elf Jahre alt war, meinte meine Mutter, dass ich ohne Segelohren doch viel besser ausschauen würde.
Niemand würde mich deshalb weiter ärgern.
Der Gedanke war also schon löblich.
Dass sie es später bitter bereuen würde, ahnte sie nicht.
Kurzerhand gab es einen Operationstermin in einer Klinik für mich und ich bekam die Ohren angelegt.
Als meine Mutter mir nach der Entlassung die Ohrenklappen abnahm, bekam sie, ebenso wie ich fast einen Herzinfarkt. Weder war das linke Ohr angelegt, noch sah das rechte Ohr ästhetisch aus. Im Gegenteil, es sah aus wie das Ohr von Mr. Spock aus der Serie „Raumschiff Enterprise". Ich war fertig mit den Nerven.
Schlimm genug, dass ich mich gefügt hatte, nun würde man mich erst recht hänseln.
Meine Eltern berieten sich und nahmen Kontakt zur Klinik auf. Dabei wurde ausgehandelt, dass ich erneut operiert werden sollte. Beim Fäden ziehen, hatte ich Angst und Schmerzen. Die Oberärztin rastete aus weil ich weinte und schlug mir ins Gesicht. Das Theater war riesengroß. Meine Mutter flippte regelrecht aus.
Ich bekam die restlichen Fäden durch den Oberarzt unter Teilsedierung gezogen und die Ärztin war ihren Job los. Es kam nämlich zu Tage, dass sie Alkoholikerin war und unter Alkoholeinfluss an mir herum operiert hatte.
Diese Geschehnisse verfolgen mich heute noch und tragen dazu bei, dass ich meine Ängste nie wieder verlieren werde.

Nun gibt es jedoch Momente, in denen ich einen Arzt aufsuchen muss. Da ich eine gestörte Körperwahrnehmung insofern habe, dass ich eindeutige Signale meines Körpers nicht immer richtig

interpretieren kann, außer Schmerz, ist es meist schon recht spät wenn ich zum Arzt gehe.
Dann geht es mir beinahe so schlecht, dass ich eigentlich dahin kriechen müsste. Anmerkungen vorher durch meinen Mann, Freunde oder Kollegen ignoriere ich mit dem Gedanken, dass es doch gar nicht so schlimm ist. Oder ich merke, ich sollte einen Termin machen und ich vergesse dies ständig. Ich schiebe mein Zettelchen mit der Notiz hin und her, die Kinder werden plötzlich selber krank, oder irgendetwas anderes kommt mir dazwischen und es ist aus meinem Kopf.

Habe ich endlich einen Termin gemacht, sollte dieser möglich früh um acht Uhr sein. Denn da sind die Kinder in der Schule, und ich muss nicht erst nach Hause fahren. In der Praxis angekommen, lauere ich wie ein Fuchs auf seine Beute auf das Aufrufen meines Namens. Denn meistens wird man durch so eine Sprechanlage aufgerufen und ich verstehe damit nicht immer den Namen des Patienten und ob ich nun aufgerufen werde.
Sitze ich endlich im Behandlungsraum, fällt es mir schwer, mich genau dem Arzt mitzuteilen. Ich weiß nie was gerade wichtig ist für ihn und was eher nebensächlich, und es kann in einem Erklärungswahnsinn enden. Die Angst steckt mir zudem im Nacken, dass ich zu viel Zeit in Anspruch nehme und der Arzt sauer werden könnte. Zusätzlich blöd ist, wenn ich wegen Schmerzen zum Arzt gekommen bin und dieser Schmerz nun weg ist. Der Arzt möchte genaueres wissen. Was für ein Schmerz, Lokalisation des Schmerzes, Intervall für das Auftreten des Schmerzes ... und ich kann kaum Antwort geben, da ich mich nur noch diffus an die Schmerzen erinnere.
Oft genug habe ich dann entweder kein Rezept für irgend etwas in der Hand, oder das Falsche. In solchen Momenten komme ich mir einfach nur dumm und unfähig vor.
Ich habe nun endlich einen guten Hausarzt gefunden. Er hat immer Geduld und Zeit. Man sollte also meinen, ich bin kuriert.

Dem ist nicht so. Er hat nur Verständnis für meine langen Reden und lässt mich machen. Am Ende weiß er auch immer, was los ist. Aber das Gefühl von Unfähigkeit kann auch er mir nicht nehmen.

Seltsamerweise ergeht es mir bei Terminen für die Kinder überhaupt nicht so. Ich bin an diesen Terminen sehr akkurat und genau und weiß, wie ich dem Arzt etwas beschreiben kann. Kurios alles.

Elternabende und Schulfeste

Auch diese Termine gehören zu mir wie zu jeder anderen Familie mit schulpflichtigen Kindern.
Ich weiß von vielen nicht autistischen Müttern, dass sie diese Termine auch nicht besonders mögen. Besonders wenn sie berufstätig sind und am Abend lieber ihre Ruhe haben möchten. Elternabende sind anstrengend, obwohl ich schon auch finde, dass sie wichtig sind. Zumindest in der Grundschule.
Für mich bedeuten diese Abend wirkliche Qual.
Es beginnt tatsächlich mit der Kleiderfrage. Was ziehe ich nur an? Denn ich trage am Nachmittag meine Abhängklamotten und muss mich zu einer völlig unüblichen Uhrzeit neu anziehen und zurecht machen. Möglichst ordentlich sollte es sein. Und am besten bequem.
Ich muss die Fassade wahren und die Maske aufsetzen. Für meine Kinder, denn sie sollen nicht noch gesagt bekommen, dass ihre Mutter ja mal wieder völlig schräg ist. Ich wahre also das Bild des „Normalen".
Ist die Stylingfrage geklärt, fahre ich grundsätzlich viel zu früh los. Meistens habe ich noch fünfzehn Minuten Zeit, um mir in Ruhe eine Zigarette am Auto zu rauchen und zu schauen, welche Eltern den Weg in die Schule finden.

Während ich zu der Grundschulzeit meiner älteren Tochter zwei Mütter aus der Kindergartenzeit als Rückhalt hatte und die Eltern alle absolut gut harmonierten, habe ich in der Klasse meiner jüngeren Tochter niemanden so wirklich. Es gibt zwar die Mütter ihrer beiden Freundinnen, aber der Rest der Eltern ist sehr „speziell".
Bereits in der ersten Klasse des Kindes habe ich bemerkt, dass mein Grüßen überhaupt nicht erwidert wurde.
Es bildeten sich kleine Gruppen und ich blieb außen vor. Ich muss dazu sagen, dass der größte Teil der Eltern russisch oder kasachisch ist, ein anderer Teil arabisch und der dritte Teil türkisch.
Mir persönlich macht dieses Multikulti überhaupt nichts aus.
Im Gegenteil. Leider sehen es diese Gruppen untereinander wohl anders. Es gibt einfach kein Miteinander. Lustigerweise begannen mich einige Frauen zu Beginn der dritten Klasse zu grüßen, aber ich hatte keine Lust auf so ein Spiel. Das ist so ein neurotypisches Dingen, womit ich überhaupt nicht zurecht komme, weil ich den Sinn nicht verstehe. Erst ewig nicht grüßen und dann plötzlich doch.

Nun sitze ich also beim Elternabend auf einem der winzig kleinen Stühle im grellen Neonlicht und den Menschen um mich herum.
Und die Probleme fangen direkt schon an.
Mein Rücken schmerzt nach einer Weile, da ich ein Problem mit dem Rücken habe und nicht dauerhaft so gebeugt sitzen kann.
Als nächstes das Neonlicht.
Es ist so grell, dass auch nach wenigen Minuten meine Augen anfangen zu tränen. Es beginnt auch alles vor meinen Augen zu flirren und sich zu verschieben, dass meine unsichtbare Haube sich über mich stülpt und ich kaum noch etwas von dem Abend mitbekomme. Das Reden der Lehrerin schwillt an und ebbt ab. Ich muss mich ganz bewusst zusammenreißen, um irgendwie den Anschluss zu behalten.
Die Eltern sind einfach seltsam in dieser Klasse. Es gibt zwei oder drei wirklich interessierte Menschen dort. Der Rest der Eltern, egal ob Frau oder Mann, zückt das Handy und beginnt sofort mit dem Tippen von Nachrichten, schauen sich Bilder an oder gehen auf

Youtube oder Facebook. Unglaublich ist das.
Der Kopf dieser Menschen geht nicht ein einziges Mal auch nur ansatzweise hoch und ich bin derweil dermaßen abgelenkt durch diese Handy, dass es mir doppelt schwer fällt, mich zu konzentrieren. Kein Wunder, dass diese Klasse so unmotiviert ist.
Zum Glück begleitet mich mein Mann öfters auf solche Elternabende. Dann erfülle ich meine Anwesenheitspflicht zumindest still und nicht störend. Und er hört zu, macht sich Notizen und erklärt mir zu Hause genau, was die Themen waren.
Auch sehr störend ist, wie diese Abende künstlich in die Länge gezogen werden. Von übereifrigen Eltern. Den Zweien oder Dreien in der Klasse. Da kommen Fragen auf, die überhaupt nicht zum Thema passen oder die wir schon längst abgehandelt wurden. Mich reizt dies so dermaßen, dass ich am liebsten gehen würde, weil es sinnlos verplemperte Zeit ist. Nicht nur meine, sondern auch die der Lehrerin.

Klassenfeste oder Schulfeste sind auch nicht so beliebt bei mir.
Man muss sich einbringen, da sein, und alles super finden.
Ich schaffe entweder nur das eine oder gar nichts.
Meistens ist es gar nichts.
Einmal hatte ich zu der Grundschulzeit meiner großen Tochter Plätzchen für St. Martin gebacken. Mit dem Resultat, dass am Ende meine Schüssel weg war. Diese hatte ich nicht namentlich gekennzeichnet. Ich wusste auch nicht, dass es eine Rumpelkammer gab im Untergeschoss der Schule, wo man seine privaten Sachen vielleicht hätte finden können.
Das erfuhr ich erst zum Ende der vierten Klasse.
Da hatte ich schon längst eine neue Schüssel. Ich bin nicht mehr schauen gegangen, ob meine Schüssel dort stehen könnte.
Das war mir vor mir selber zu peinlich.
Auf Schulfesten ist es mir oft unangenehm, dort zu sein, weil ich niemanden großartig kenne. Also stehen wir meistens etwas außerhalb der Gruppen und laufen planlos über den Schulhof.

Die Mütter der Freundinnen unserer Tochter sind meistens mit der gesamten Familie dort und möchten sicherlich nicht die Stunden mit uns verbringen. Also schauen wir, dass wir irgendwo einen Sitzplatz ergattern und warten, bis die Kleine das Signal gibt, heim zu wollen. Dann kommen noch die Lehrerinnen auf einen zu und fragen, ob es einem gefällt. Da kann ich schlecht sagen, dass ich eigentlich viel lieber nach Hause möchte. Das sähe ja für unser Kind vollkommen bekloppt aus.

Schulfeste sind also sehr grenzwertig für mich persönlich.
Mein Kind freut sich und ich spiele mit. Dieses Jahr hat unsere jüngere Tochter allerdings ihr Versprechen gehalten. Bislang hat sie jedes Mal Dramen veranstaltet wenn St. Martin anstand.
Bis dreißig Minuten vor Beginn der Veranstaltung hat sie immerzu gesagt, sie möchte da nicht hin. Kaum habe ich es mir auf der Couch bequem gemacht, schrie sie los und wollte doch noch. Also sprangen wir hektisch in die Klamotten und fuhren zur Schule mit. Nur, um am Abend wieder zu hören, dass sie nächstes Jahr aber auf gar keinen Fall wieder mitgeht.
Dieses Jahr hat sie uns damit verschont.

Imitieren anderer Personen

Das ist auch sehr interessant.
Dass besonders wir Frauen dazu neigen, andere Personen zu imitieren. Ob es bei den männlichen Autisten ebenfalls ein Thema ist, weiß ich nicht. Mir ist dies bisher nur in Gesprächen unter uns Frauen bewusst geworden.
Ich schrieb bereits davon, dass ich als Jugendliche andere Jugendliche beobachtete und irgendwann mit dem Schauspielern begann. Einfach so zu tun, als sei man wie die anderen.

Das ist die eine Sache.
Das Imitieren bedeutet etwas anderes.
Nämlich, dass man etwas von jemanden übernimmt, mit dem man regelmäßiger in Kontakt steht. Das kann die Sprechmelodie sein, eine Kopfbewegung, eine Geste, eine Mimik oder ein Wort, genau so ausgesprochen, wie es die andere Person macht.

Ich kann es sehr gut bei meinen Kindern erkennen, wenn sie wieder in der Phase des Imitierens sind. Dann reden sie exakt so, wie es eine ihrer Freundinnen machen. Ich könnte mit geschlossenen Augen überhaupt nicht erkennen, ob nur mein Kind reden würde oder die Freundin. Auch das Gangbild kann entsprechend eins zu eins übernommen werden. Dies geschieht unbewusst. Es geht dem Ganzen kein „drüber nachdenken" voraus.
Ich selber neige auch dazu.
Selbst als erwachsene Frau passiert mir das heute ab und zu, dass ich gewisse Dinge komplett übernehme.

Sei es beim Formulieren bestimmter Aussagen, oder dass ich ein Wort gerne in der Kommunikation verwende. Und dieses dann häufiger als es eigentlich notwendig wäre.
Eine ganze Weile übernahm ich die Art des Kopfnickens einer mir gut bekannten Person mit gleichzeitigem Begleitwort „okay" in leichter Fragestellung. Bis mir dies auffiel, verging eine ganze Weile. Dann musste ich hart an mir selber trainieren, um dieses wieder los zu werden.
Dialekte und Akzente kann ich auch sehr gut übernehmen. Es gab eine Phase direkt zu Beginn meiner Arbeit in der Psychiatrie, als ich dort mein Praktikum machte. Ich sprach den gesamten ersten Monat vom ersten Tag an dort mit ausgeprägtem holländischen Akzent, obwohl ich holländisch ansonsten gar nicht sprechen kann. Eines Tages fragte mich ein Pfleger der Station, ob ich Holländerin sei. Ich verneinte und sprach ab sofort hochdeutsch. Eine Erklärung gab ich ihm nicht erst. Ich konnte es nicht erklären.
Es kam einfach so über mich.

Denken in Bildern und das NICHTS

Vor etwa zwei Jahren, nach meiner Diagnose, unterhielten mein Mann und ich uns über die Art des Denkens. Ich erfuhr, dass mein Mann, so wie scheinbar die meisten nicht autistischen Menschen, überhaupt nicht in Bildern denkt. Das fand ich so dermaßen unglaublich, dass ich tagelang versuchte in Sprache zu denken.
Es war mir nicht möglich. Mein Mann kann dagegen überhaupt nicht nachvollziehen, das mein denken ausschließlich, und ohne Ausnahme, in Bildern geschieht.
Wie sieht es also aus?

Ein Beispiel ist: er berichtet mir am Abend von einer Arbeit als Schreiner in der Werkstatt. Während er erzählt, sehe ich alles, wirklich alles, direkt vor meinem inneren Auge. So, als würde ich einen Film sehen. Ich sehe also, wie er irgendwohin geht, etwas in die Hand nimmt, dann zur Werkbank geht, einspannt und seine Arbeit macht.

Oder er berichtet mir von einer Situation mit unliebsamen Kunden und was sie sagten. Dann sehe ich eine imaginäre Person vor meinem inneren Auge. Entsprechend männlich oder weiblich, aus meiner Phantasie sofort hervorgezaubert, die da steht und sagt, was mein Mann erzählt.
Ich sehe die Person laufen, gestikulieren und sprechen.
Das ist völlig normal für mich.
Oder ich habe ein Problem und suche nach einer Lösung. Dann sehe ich auch das alles in Bilderform.

Mir ist völlig unbegreiflich, wie jemand nicht so denkt. Ohne Bild und ohne Ton. Ebenso ist es mir absolut unverständlich, wie jemand an „nichts" denken kann. Auch darüber habe ich mich oft mit meinem Mann und auch anderen Autistinnen unterhalten.
Was ist denn dieses Nichts?

Wie sieht es denn dann im Kopf aus, wenn man an dieses Nichts denkt? Mein Mann behauptet, da ist dann auch wirklich nichts im Kopf.
Dunkel, still ... nichts eben.
Ich staune auch heute noch darüber. Dass es so etwas gibt.

In meinem Kopf dagegen ist immer etwas los! Ich denke rund um die Uhr. Egal, was ich gerade mache.
Da oben ist immer etwas los. Entweder laufen Gespräche parallel ab zu dem, was ich in echt gerade mache. Diskussionen, Reime oder Ermahnungen an mich selber. Oft und gerne Musik in allen Varianten. Ich brauche gar kein Radio hören, denn ich habe alles in meinem Kopf abgespeichert. Inklusive der Instrumente oder der Zweitstimmen oder dem Background.
Leider passiert es mir all zu oft, dass die Musik nicht gerade passt! Dann höre ich ewig und weiter im Sommer Weihnachtslieder oder alte Volksweisen. Oder ich höre blöde Schlager, die mir nie gefallen haben aber gerade jetzt hin meinem Kopf drin sind und abgespielt werden müssen. Das alles läuft unbewusst ab.
Dieses NICHTS habe ich nur ein mal selber erlebt, als ich ein Antidepressivum einnahm.
Während einer Autofahrt stellte ich plötzlich fest: im meinem Kopf ist Ruhe! Da ist dieses NICHTS. Ich war begeistert ob dieser Erfahrung und dachte mir, so könnte es ab und zu wirklich sein.
Das tut gut.
Leider vertrug ich das Medikament nicht und habe heute wieder mein altbekannte Party im Kopf.

Hypersensibilität

Fast alle Autisten sind hypersensibel.
Damit meine ich, dass sie alles sehen, hören, schmecken und riechen.
Das gilt zum größten Teil auch für mich. Ich sehe alles und bringe darüber meinen Mann manchmal zum Verzweifeln. Aus Spaß sagte er dann so Sätze zu mir wie:

„Du bist kurzsichtig wie eine Eule, aber DAS siehst du wieder!"

Ich bin Brillenträgerin und habe die Brille nicht immer an.
Aber wenn, dann sehe ich auch wirklich alles.
Riechen kann ich auch extrem gut.
Wenn ein bestimmtes Wetter herrscht und ich im Garten sitze, kann es passieren, dass ich den Rhein so rieche, als stünde ich direkt am Flussufer. Je nachdem ob es gerade länger geregnet hat oder nicht, riecht es entweder angenehm oder weniger angenehm. Es riecht manchmal ganz schön fischig.
Ich kann auch gut erriechen, ob ein Joghurt noch essenswert ist oder nicht. Darüber bekomme ich oft Streit mit meinem Mann, da er auf das Mindesthaltbarkeitsdatum verweist und mich so etwas überhaupt nicht beeindruckt. Ich verlasse mich auf meine Nase. Das sind nur zwei von vielen Beispielen.

Das Hören ist mittlerweile ein Problem für mich.
Während ich bis vor drei Jahren noch extrem gut gehört habe, ist meine Hörfähigkeit leider auf nun mehr sechzig Prozent herabgesunken. Warum dies so ist, weiß weder der Arzt, noch der Hörgeräteakustiker noch ich selber.
Vor drei Jahren fiel mir auf, dass ich die Vögel im Garten nicht mehr zwitschern hörte. Erst zog mich der Hörverlust wahnsinnig runter und ich war sehr unglücklich. Doch als ich die Hörgeräte bekam und alles endlich eingestellt war, konnte ich die Dinger nicht selten genug tragen.

Alles war wieder extrem laut, ich bekam wieder alles mit.
Nichts konnte ich für mich selektieren in wichtig und unwichtig.
Mein Umfeld brachte mich an den Rande des Wahnsinns. Unerträglich. Also trage ich sie heute nicht mehr, auch wenn dies bedeutet, dass ich weiterhin öfters nachfragen muss. Ich erschrecke mich nicht mehr ständig vor plötzlicher Ansprache von hinten, vor lauten Motorrädern oder Mopeds. Ich zucke nicht mehr vor jedem noch so kleinen Geräusch zusammen.

Mein Mann fragte mich einmal, ob es nicht sein könnte, dass meine Psyche mir die Schwerhörigkeit geschenkt haben könnte. Weil ich manchmal doch wieder extrem gut höre. Das weiß ich nicht. Aber so wie es ist, ist es gut für mich.

Daneben gibt es noch andere Bereiche, in denen die Hypersensibilität bei manchen von uns sehr ausgeprägt ist. Unter anderem in dem Bereich, Stimmungen wahr zu nehmen. Ich kenne Aussagen, bei denen mir andere Betroffene berichtet haben, sie können sofort erkennen, dass eine besondere Stimmung herrscht, wenn sie einen Raum voller Menschen betreten. Unter Kollegen zum Beispiel.
Mir fehlt dieser Bereich komplett.
Ich erkenne absolut nicht, wann sich etwas verändert wenn ich einen Raum betrete. Oft genug tappe ich dann in ein Fettnäpfchen.
Ich denke, alles ist wie immer, mache meine Späße, und in Wirklichkeit sollte ich besser den Mund halten, weil es gerade unpassend ist.

Was ich besonders anstrengend finde sind Verabredungen zum Kaffee zum Beispiel. Gerne trinke ich mit einer Freundin eine Tasse Kaffee. Aber oft ergeht es mir nach einer Stunde bereits schon so, dass es vor meinen anfängt zu flimmern.
Ich kann die Freundin kaum noch richtig wahrnehmen.
Ähnlich, als würde ich einer Fata Morgana begegnen.

Das Gehörte setzt sich nur in Teilen in meinem Gehirn fest und ich muss ständig blinzeln, um dieses komische Gefühl an meinen Augen weg zu bekommen.
Irgendwann empfinde ich die ganze Situation so, als wäre ich in einem Traum gefangen. Nicht real.
Es bedeutet mich viel Kraft, um mich zusammen zu reißen.
Auch wenn solche Verabredungen oft sehr anstrengend sind, sind sie wichtig für mich.

Als Gegenpol zum Hypersensiblem steht bei mir das Hyposensible dem gegenüber. Ich weiß zum Beispiel oft nicht, wann man taktvoll zu sein hat. Da habe ein konkretes Beispiel für, nämlich dieses, dass ich mich vor einiger Zeit mit den Wechseljahren beschäftigt hatte.
Wie läuft diese hormonelle Umstellung ab, wie äußert sie sich und vieles mehr.
Eines Tages waren unsere Therapeutinnen bei uns zum monatlichen Elterngespräch, als eine der beiden Damen sehr schwitzte.
Sie sprach es an und erwähnte, dass ihr sehr warm sei. Ich ging zum Fenster unseres Esszimmers und öffnete es mit der Bemerkung:

„Oder es sind die Wechseljahre!"

Beide Damen und mein Mann lachten und ich meinte nur, dass es doch durchaus möglich sein könnte. Schließlich wären wir ja etwa gleich alt. Mein Mann meinte nach dem Treffen zu mir, dass das wieder ein Fettnapf war und man dies auch „unsensibel" nennt.
Denn eigentlich sagt man so etwas nicht zu anderen Frauen.
Die Therapeutinnen wüssten aber ja, dass ich Autistin bin und konnten damit sehr gut zurecht kommen. Eine Frau aus der nicht autistischen Welt hätte mit meiner Aussage sicherlich zu kämpfen gehabt, weil es zu intim ist. Das verstand ich nicht so recht, denn intim bedeutet für mich eigentlich nur alles, was mit Sex zu tun hat, mit Liebe und dem, was man auf der Toilette so von sich lässt. Aber nun habe ich wieder etwas dazu gelernt.

Nachwort

Nun habe mich mir so ziemlich alles von der Seele geschrieben und bin erleichtert darüber.
Nichts ist so schrecklich, wie sich immer wieder neu erklären zu müssen. Dieses Buch nimmt ein klein wenig dieser Last von mir, auch wenn ich weiß, dass es bei weitem nicht alle Menschen erreichen wird, die Umgang mit mir haben oder in Zukunft haben werden. Natürlich weiß ich, dass ich mich auch in Zukunft noch oft genug erklären muss, aber ich kann es, dank der niedergeschriebenen Wörter, nun besser gestalten. Denn ich brauche nur kurz inne zu halten und vor meinem geistigen Auge zu sehen, wo ich was hier niedergeschrieben habe.
Das kann eine kleine Stütze bedeuten im da draußen.

An diesem Buch habe ich zwei Jahre geschrieben, mit vielen Unterbrechungen durch meinen Beruf, meinem Dasein als Mutter und Ehefrau und weil ich Ruhepausen brauchte.
Ich habe viele Notizen handschriftlich gestapelt, damit mir ein Gedanke nicht abhanden kommen konnte und am Ende alles zusammengefügt.
Oft musste ich auch pausieren, weil ich Erinnerung erneut durchlebte und unglücklich wurde. Besonders der Teil über das Mobbing in meiner Schulzeit hat mich wieder sehr in ein Gefühlschaos gerissen. Plötzlich hatte ich riesige Ängste, dass so etwas meinen Kindern passieren könnte. Bisher haben sie nämlich das Glück, sehr gut integriert zu sein und von Mobbing noch nichts mitbekommen zu haben.
Manchmal habe ich die Namen meiner Peiniger im Internet gesucht und viele von ihnen gefunden. In meiner Phantasie schrieb ich ihnen all meine Wut und meinen Hass.

Aber zum Glück habe ich dies nicht in Wirklichkeit gemacht. So wie ich lesen konnte, ergeht es den wenigsten von ihnen heute wirklich gut. Sie scheinen immer noch ein Problem mit sich selber zu haben und kompensieren diese mit den seltsamsten Methoden. Ich dagegen bin heute sehr sehr glücklich und zufrieden und führe genau das Leben, was ich mir immer erhofft hatte.

Vor einiger Zeit verabredete ich mich mit einer ehemaligen Freundin aus der Oberstufenzeit, nachdem sie mich über Facebook kontaktiert hatte. Meine erste Reaktion war ein fassungsloses:
„Warum willst du Kontakt zu mir haben???"
Zum Glück ließ sie sich nicht weiter irritieren und schreib mir Erklärungen. Nachdem ich mir Rückhalt geholt hatte durch meine autistischen Freunde, begann ich damit, ihr zurück zu schreiben.

Es kam zu einem ersten Treffen, welches ich noch als sehr bedrückend zum Teil empfand. Obwohl ich mich doch auch freute, sie wieder zu sehen. Es wurden so viele Erinnerungen wach und nicht alles war so nett. Vor kurzem trafen wir uns erneut und es war ein sehr schöner und auch lustiger Nachmittag.
Ich erfuhr, wie sie mich in Erinnerung hat, und ich berichtete ihr, wie es mir in bestimmten Situationen tatsächlich innerlich erging.
Es lagen Welten zwischen ihrer und meiner Wahrnehmung. So hat sie mich beschrieben als früher extrem distanziert anderen gegenüber und unnahbar. Einen eigenen Kleidungsstil und ein anderes Auftreten. Es wollten wohl viele Mitschüler Kontakt zu mir haben. Doch niemand wagte es, auch nur ansatzweise an mich heranzutreten.
Ich muss also ein echter Freak gewesen sein. Die Mädchen wusste nicht, wie sie mich einschätzen sollten, außer, dass einige wohl eifersüchtig auf mein gutes Verhältnis zu den Junge zu sein schienen. Die Jungen dagegen waren wohl sehr interessiert an mir, und ich selber sah diese Jungen als Kumpel. Dass andere Gedanken dahinter stecken könnten, kam mir niemals in den Sinn.

Während ich als nach außen hin als so merkwürdig erschien, erzählte ich meiner Freundin, was wirklich in mir ablief. Die riesigen Ängste, die ich hatte, das Alleine sein – Gefühl.
Zu niemanden zu gehören.
Immer nur nahe dran an Freunden und Akzeptanz, aber nie wirklich drin.

Beide waren wir sehr nachdenklich am Ende des Treffens. Wie unterschiedlich die neurotypische und die autistische Welt doch sind. Beides ist richtig, nichts ist falsch – zumindest in den meisten Bereichen. Leider nur mit sehr vielen Vorurteilen behaftet.
Auch von meiner Seite aus. Aus Unwissenheit.

Ich hoffe, mein Buch trägt ein klein wenig dazu bei, unser Sein zu durchleuchten und der Gesellschaft ihr falsches Bild über unsereins und ihre Angst vor dem Fremden zu nehmen. Denn das ist der wirkliche Grund für die Ablehnung anderer Lebens-und Daseinsformen:

Die Angst!

Danksagung

Ich bedanke mich an erster Stelle bei meinem Mann für seine unermüdliche Geduld, wenn ich wieder unter Selbstzweifeln leide. Dafür, dass er immer an mich glaubt, mir vertraut und mich so bleiben lässt wie ich bin. Dafür, dass er nicht schreiend davon läuft und sich die Haare rauft, wenn ich beim Essen wieder alle Familienmitglieder am Tisch mit ausgedachten und schrägen Arien beglücke. Wenn ich herumalbere und jegliches Maß dabei verliere. Wenn ich völlig depressiv verstimmt hier herumschleiche, die Wäsche nicht gemacht ist und es auch zum fünften Mal in Folge kein Fleisch zu essen gibt. Er ist mein Ruhepol, mein Fels in der Brandung und der weltbeste Ehemann für mich.

Danke an meine beiden tollen Mädels, die mir jeden Tag ein Lächeln ins Gesicht zaubern und mein Herz freudig hüpfen lassen. Niemals zuvor habe ich eine solche Liebe erfahren dürfen wie bei und mit euch. Danke, dass ich auch bei euch so sein darf wie ich es bin und ihr keine andere Mutter haben möchtet.

Danke an meine Eltern für all die Anstrengungen in ihrem Leben, nur um uns ein gutes Leben bieten zu können. Und Danke dafür, dass ihr so seid wie ihr seid. Wir waren nie die ganz normale Familie, und ich war immer auch ein großes Stück froh darum. Wir haben immer viel gelacht, gestritten, uns missverstanden und Chaos gestiftet. Das finde ich prima.

Danke an meine Schwester, die immer da ist für mich. Die mich niemals hinterfragt und mich so lieb hat wie ich bin. Auch wenn ich als große Schwester früher oft ziemlich nervig gewesen war und blöd dazu. Und danke, dass du mir mit dem Manuskript geholfen hast.

Danke an meine Lektorinnen, vorweg Cordula und Janina, die mir geholfen haben, aus einem Wust an Schriften ein gescheites Buch zusammenzufügen. Und Resperkt vor Dir, Janina, dass du mich trotz meiner Wutausbrüche und meinem Frust beim Layout nicht hast hängen lassen. Auch wenn du meine Ausbrüche zum Glück nicht live erleben musstest. Vielleicht schafft ein anderes Buch die erhofften zusätzlichen fünfhundert Seiten, Cordula.

Zu guter Letzt ein Danke an alle meine Freunde im privaten Leben sowie aus dem Internet. Ihr wisst gar nicht, was es mir bedeutet, euch zu haben. Ihr füllt alle zusammen und jeder für sich mein Leben mit interessanten Themen, Gesprächen, Humor und auch leisen Tönen. Ich hoffe, ich kann euch ein wenig davon zurück geben.

Danke an das Leben, dass du doch noch schön geworden bist!

Weblinks und persönliche Blogs erwachsener Autistinnen
(eine kleine Auswahl)

www.vielmehrichblog.wordpress.com
www.heutebinichanders.wordpress.com
www.innerwelt.wordpress.com
www.marionschreiner.com/denkmomente/
www.ellasblog.de
www.facebook.com/autisteninformieren/

www.aspies.de

Literatur
(eine kleine Auswahl)

Rudy Simone: „Aspergirls"

Regine Winkelmann: „Früher war ich falsch, heute bin ich anders"

Marion Schreiner: „Denkmomente 1 und 2"

Janina Bürger: „Eine Welt zwischen Autismus und Borderline"

Herstellung und Verlag:
BoD - Books on Demand, Norderstedt
ISBN 978-3-7392-2322-3